Hochzeit im Oberland
Ein ABC des Heiratens

Stickbild (Ausschnitt), um 1840
Garn auf Papier, 11 x 7 cm
Oberschwäbische Barockgalerie Ochsenhausen

Hochzeit im Oberland
Ein ABC des Heiratens
herausgegeben von Uwe Degreif

Biberacher Verlagsdruckerei

Diese Publikation erscheint anlässlich der Ausstellung
„Hochzeit im Oberland. Ein ABC des Heiratens"
im Museum Biberach, 8. Mai – 19. September 2010
1. Auflage 2010
Herausgeber: Dr. Uwe Degreif, Museum Biberach
Copyright beim Herausgeber und den Autoren
Gedruckt mit freundlicher Unterstützung der Stiftung der Gesellschaft für Heimatpflege, Biberach.

Umschlag	Glas, bemalt, 2. H. 18. Jh. (Detail)
	Landesmuseum Württemberg
	Museum der Alltagskultur Schloss Waldenbuch
Gestaltung	Brigitta Ritter, BelDesign Überlingen
Schrift	Sabon und Shelley
Technik	Corinna Jung, Bodensee Medienzentrum Tettnang
Herstellung und Verlag	Biberacher Verlagsdruckerei GmbH & Co. KG
ISBN	978-3-933614-61-2

Inhaltsverzeichnis

Einleitung 6
Uwe Degreif

Liebe auf dem Dorf Vom Regelwerk der bäuerlichen Welt im 19. Jahrhundert 10
Utz Jeggle

Heiratshandel Bäuerliches Hochzeiten im Oberland 20
Uwe Degreif

ABC des Heiratens 33
Dagmar Bayer, Uwe Degreif

„Mischehen" Über den schweren Gang zum Altar 158
Maria E. Gründig

Mazel Tov – Viel Glück! 172
Jüdische Hochzeiten in Oberschwaben
Andrea Hoffmann

Soldatenhochzeiten 184
Schichtenspezifisches Heiratsverhalten in der Garnisonsstadt Ulm
Simon Palaoro

Heiraten in Jahrhunderten 198
Von der Ehe ohne Liebe zur Liebe ohne Ehe?
Frank Brunecker

Bildnachweis 116

Einleitung

Sehr geehrte Leserin, sehr geehrter Leser,

wer wüsste nicht gerne, mit welchen Hoffnungen und Erwartungen die Brautpaare vor den Altar traten, damals vor 100, 150 oder 200 Jahren! Geheiratet hat man schließlich nur einmal, musste da nicht Hochstimmung herrschen? Leider hat selten eine oder einer festgehalten, wie es ihr oder ihm an diesem Tag erging. Aus den Kirchenchroniken erfahren wir, wer wen ehelichte, wie alt die beiden zu diesem Zeitpunkt waren und welcher Konfession sie angehörten. Aber ob sie sich schon kannten und wie lange, das bleibt unbeantwortet. Vermutlich kamen die meisten Ehen zustande, ohne dass sich die Brautleute davor regelmäßig begegnet waren. Beim Heiraten ging es um ein verlässliches Versorgen, nicht um ein lebenslanges Mögen. Immerhin haben sich in den Archiven zahlreiche „Beibringinventare" erhalten, und so ist uns bekannt, was und wie viel jeder „Hochzeiter" und jede „Hochzeiterin" in die Ehe einbrachte. Alles zählte und wurde gezählt, jedes Hemd und jeder Löffel, und ob einer einen Stuhl besaß oder auf der Bank Platz nehmen musste.

In einer ehemaligen freien Reichsstadt heiratet man anders als auf einem Weiler, wo der Fürst noch das Sagen hatte und Gutsuntertanen seine Einwilligung einholen mussten. Unterschiede gab es zwischen den Konfessionen. Eine katholische Hochzeit dauerte länger als eine evangelische und es gab mehr Regeln zu beachten. Ehelichte ein Bauer von einem vermögenden Hof eine Gleichgestellte, dann war die Schar der geladenen Gäste groß und die Feier konnte sich zu einem Dorffest ausweiten. Vermählte sich hingegen ein Häusler mit einer mittellosen Magd, so fanden die Gäste um einen einzigen Tisch Platz. Zwischen den Ständen lagen Welten. Dennoch ergaben sich für alle verbindliche Veränderungen. Die Heiratsbeschränkungen für Arme entfielen fast vollständig, und ab 1876 war die Ziviltrauung verpflichtend. Sie machte den Gang zum Rathaus obligatorisch – und zwar bevor sich der Hochzeitszug in Richtung Kirche in Bewegung setzte.

Wie im 19. Jahrhundert in Oberschwaben und auf der Schwäbischen Alb geheiratet wurde, das versuchen mehrere Autoren in verschiedenen Beiträgen und einem umfangreichen „ABC des Heiratens" zu ergründen. In 80 Stichworten wird in Letzterem das Hochzeitsbrauchtum einer ganzen Region ausgebreitet. In der Reihenfolge des Alphabets lassen sich die einzelnen Momente am leichtesten sortieren. Manche Gepflogenheit reicht in mehrere Stichworte hinein, anderes lässt sich knapp zusammenfassen. Das Nacheinander der Anfangsbuchstaben entspricht nicht dem zeitlichen Ablauf einer Hochzeitsfeier. Das „Abholen der Braut" steht nur alphabetisch vor dem Anfertigen der „Aussteuer", aber ohne Aussteuer gab es kein Abholen. Notwendigerweise kommen in den auf Verallgemeinerung bedachten Erläuterungen die lokalen Unterschiede zu kurz. Sie würden uns Heutigen kaum auffallen, aber den Einheimischen waren sie bekannt. Der gravierendste Unterschied zwischen einer Heirat am Beginn und am Ende des 19. Jahrhunderts zeigt sich im Verständnis der Ehe selbst. Die Ehegatten begreifen ihre Verbindung nicht mehr nur als Wirtschaftsgemeinschaft, sondern auch als Gefühlsgemeinschaft.

Im Zentrum des „ABC des Heiratens" steht die bäuerlich-dörfliche Eheschließung. Die Mehrzahl der Menschen fanden in jener Zeit ihr Auskommen in der Landwirtschaft, und von ihnen sind uns die meisten Einzelheiten überliefert. Aber auch auf dem Land beginnen sich schrittweise bürgerlich-städtische Festelemente einzubürgern, planen Bauern einen Polterabend, wählt manche Braut einen weißen Brautschleier, später ein weißes Kleid, geht das Paar nach der Trauung gemeinsam zum Fotografen. Längst gibt die Stadt den Ton an.

Heute, am Beginn des 21. Jahrhunderts, ist die Hochzeit vor allem eine Gelegenheit, um sich vor aller Öffentlichkeit zueinander zu bekennen. Viele Heiratswillige erfasst schon Monate davor ein regelrechter Gestaltungsdrang, der keinen Aspekt des Hochzeitsgeschehens unberücksichtigt lässt. Die eigene Hochzeit soll besonders sein, sie soll individuell und der heutigen Zeit angemessen sein. Manche besinnen sich darauf, wie es die Eltern gemacht haben, und würden deren Regeln gerne fortführen. Man wünscht sich, es möge so etwas wie einen ursprünglichen Sinn hinter den Handlungen geben. Unterlassungen und Übertreibungen liegen da nahe beieinander und die Unsicherheit, etwas falsch zu machen, ist groß.

Insofern mögen manche Leser dieses Buch als eine Art Entscheidungshilfe befragen. Allerdings steht zu befürchten, dass das bäuerliche Hochzeiten zu weit entfernt ist, um für heutige Feiern praktische Anleitung zu sein. Es gibt zwar ein schwäbisches Kochbuch, aber kein schwäbisches Heiratsbuch. Und welcher Gast würde es akzeptieren, wenn der „schönste Tag" unumstößlich um 24 Uhr endet? Welche Braut verzichtet auf ein Kränzchen, bloß weil sie nicht mehr jungfräulich ist? Unseren Vorfahren bot das

zur nächsten Hochzeitsfeier ein." (Spindelwag, Oberamt Leutkirch)

Brauchtum Orientierung, wir Heutigen greifen auf aktuelle Literatur zurück. Landauf landab liefern Hochzeitsmessen, Zeitschriften und Extrahefte das erforderliche Wissen. Modehäuser geben zeitgemäße Empfehlungen, Service-Unternehmen versprechen einen reibungslosen Ablauf für das Festprogramm.

Wie die Beiträge und das „ABC" folgen auch die Abbildungen der regionalen Eingrenzung auf das Oberland. Diese Darstellungen dienen nicht als quasi-dokumentarische Belege für einzelne Stichworte. Realismus ist eine Bildkategorie, die erst mit dem Aufkommen der Fotografie relevant wird. Aber neben ihrer erzählerischen Fülle bergen viele Bilder im Detail gesellschaftliche Bezüge und verweisen auf soziale Tatsachen.

Ich danke den Autoren Dagmar Bayer (Bad Saulgau), Frank Brunecker (Biberach), Dr. Maria Gründig (Neuhausen/Fildern), Dr. Andrea Hoffmann (Celle), Prof. Dr. Utz Jeggle † (Tübingen) und Simon Palaoro (Ulm) für ihre vertiefenden Beiträge. Sie zeigen anschaulich das Spektrum damaliger Heiratspraktiken und machen die gesellschaftlichen und konfessionellen Grenzen deutlich, die alle Heiratswilligen zu beachten hatten. Dagmar Bayer danke ich für ihre umfangreiche Durchsicht der so genannten „Konferenzaufsätze" aus dem Jahr 1900. Aus diesen stammen die Zitate der unteren Spruchleiste. Wildrud Fach (Bad Waldsee), Beate Falk (Ravensburg), Reinhard Faul (Waldenbuch) und Dr. Martina Schröder (Reutlingen) unterstützten dieses Buch mit vielerlei Recherchen. Susanne Zolling (Reutlingen) hat sich in mehreren Archiven umgetan, um Hinweise auf das Heiratsverhalten früher Industriearbeiter zu erhalten; leider blieb ihre Suche ergebnislos. Auch ihr sei gedankt.

Uwe Degreif
Biberach, im Mai 2010

J. B. Edinger (1813 – 1891) (zugeschrieben)
Hochzeitswappen, um 1835
Aquarell auf Papier, 22 x 16,5 cm
Stadtarchiv Ravensburg

Liebe auf dem Dorf
Vom Regelwerk der bäuerlichen Welt im 19. Jahrhundert

Utz Jeggle

Die berühmten Liebespaare der Weltgeschichte und -literatur kommen nicht vom Dorf. Die große Leidenschaft wächst besser unter dem Schirm patrizischer Fülle in städtischer Freiheit, manchmal sogar in klösterlicher Abgeschiedenheit und nicht so leicht auf dem Rübenacker, der nicht nur den Körper beugt, sondern auch die Seelen am Boden hält. So kommt es nicht von ungefähr, dass sich Gottfried Keller für seine dörfliche Liebestragödie die Namen der Veroneser Klassiker Romeo und Julia ausleiht, um zu zeigen, dass auch ein Acker fürchterliche Konflikte heraufbeschwören und Zerstörungen anrichten kann. Der Grund und Boden ist in dieser Erzählung mächtiger als die handelnden Menschen, man besitzt nicht, um zu bebauen und zu verfügen, sondern man wird gewissermaßen besessen vom Besitz, der in die Lebensgeschichte tyrannisch hineinregiert und am Schluss bei Keller nur eine Bluthochzeit auf dem im morgendlichen Nebel den Strom hinabtreibenden Heuschiff gestattet.

Märchen und Sagen träumen von der Versöhnung über die Acker- und sozialen Grenzen hinweg, das Aschenputtel, das den Prinzen kriegt, ist eine Leitfigur ländlicher Tagträume und es ist kein Wunder, dass solche Mesalliancen immer wieder literarische Funken stieben lassen; denn eine Liebesehe in dieser Welt ist, stimmt die materielle Grundlage nicht, eine so konfliktträchtige Geschichte, dass sie gewissermaßen der Schlüssel eines ganzen Genres der Trivialliteratur geworden ist.

In einer relativ frühen Erzählung solcher Art, dem „Barfüßele" des vor hundert Jahren verstorbenen jüdischen Schwarzwälders Berthold Auerbach, erhält die Geschichte vom armen Waisenkind, das den wackeren Erben eines großen oberschwäbischen Hofes erlangt, eine besonders raffinierte Gestalt. Der junge, ritterliche und natürlich vollendet sympathische Hoferbe heiratet das als Ganshirtin und Außenseiterin gezeichnete Barfüßele wirklich aus purer Liebe und ohne Geld; auch die Eltern akzeptieren sie, aber sowohl der Altbauer als auch seine Bäuerin schenken ihr heimlich ihr Gespartes: „Eure ganze Geschichte ist ja gegen alle gewöhnliche Art, dass auch das noch dabei sein kann, dass du einen geheimen Schatz gehabt hast ... Heb's nur gut auf, thu's in den Schrank, wo die Leinwand drin ist, und trag den Schlüssel immer bei dir. Und am Sonntag wenn die Sippschaft bei einander ist, schüttest du's auf den Tisch aus."

„Wer am Tage nach der Hochzeit zuerst aufsteht, ist Herr im Haus." (Ingerkingen, Oberamt Biberach)

Selbst die Papierliebschaften eines Novellisten des 19. Jahrhunderts brauchen zur Festigung ihrer Glaubwürdigkeit kleinere Wunder, die hinter dem Rücken der Realität dafür sorgen, dass die ehernen Regeln bäuerlichen Vereinens einhaltbar bleiben und nicht vom bloßen Gefühl, das von der realen Grundlage (und das sind eben Äcker und Wiesen, Pferde und Dukaten) weit entfernt ist, in Verwirrung gebracht werden.

Die bäuerliche Welt hat ihre Größe nicht in Freiheiten, Erfindungen, Phantasiegebilden, sondern in allererster Linie in erfahrungsreichen Regeln gefunden, die beides, Bindung und Fessel bedeuteten. Man war in ihnen gefangen, man war in ihnen aber auch aufgehoben, und da die Abgründe reichlich und die Falltiefen beachtlich waren, legte sich das Netz nicht so sehr um einen, es diente vielmehr zur Sicherung und Rettung. Es hielt fest und dieses Festhalten wurde als Fessel erst empfunden, als andere Sicherheiten in Sicht und manchem schon zuhanden waren. Dass in einer solchen regelreichen und von Erfahrung geprägten Welt die freie Liebe wenig zählt, der Brand der Gefühle als Gefahr erachtet wird, jähe Leidenschaft zu bekämpfen ist und die mangelnde Ordnungsliebe der Geschlechtlichkeit deshalb auch von einem Gespinst von Ordnungen und Üblichem und der Norm Entsprechendem eingehüllt wird, will ich im Folgenden andeuten. Die bäuerliche Welt kennt die Natur, auch die menschliche, sie weiß mit ihr zu rechnen und zu haushalten, deshalb wird Sexualität nicht verleugnet oder als bloße Bedrohung festgezurrt und ängstlich eingeschnürt, wie das dann die bürgerlich-protestantische Welt (erfolglos) versucht, sondern man gewährt dem Trieb und der Stimme des Bluts, wie das in einschlägigen Romanen genannt wird, gewisse Freiräume, in denen geübt werden darf, indem bis an die Grenzen des Möglichen gegangen werden darf, um eben diese Grenzen als Grenzen erfahren zu können.

Aber Liebe ist nicht das Leben, und sie macht nicht satt, und in einer Welt, in der es darum geht, zuallererst satt zu werden, sieht auch die Liebe anders aus. Die Vorstellung, dass zwei Menschen nur auf Grund ihrer „inneren Werte" zueinander finden und zusammenpassen ist dem bäuerlichen Denken fremd. Die bürgerliche Ära schätzt die „reine Seele", den „guten Charakter", „Partnerfähigkeit und Kameradschaftlichkeit" und wie sonst noch die Tugenden aus den Katalogen der Heiratsanzeigen heißen, die allesamt vom Innenleben der Suchenden handeln und Auto oder Haus oder Bares eher verschämt in Nebensätzen erwähnen. Im Bäuerlichen zählt zunächst Äußeres, die Zahl der Morgen macht den Wert des Menschen aus, die stolzen Rösser demonstrieren den eigenen Stolz, das schmucke und sauber geputzte Kleid steht für das polierte Seelenleben. Man hat sich (weshalb wohl?) angewöhnt, auf solche Denkweise verächtlich herabzuschauen, und man mag auch darin Recht haben, dass diese Welt ungerechte Grenzen zieht und sie unüberwindbar macht, aber die Gefühle, die den Acker und die Wiese zur Erwärmung für den sie besitzenden Menschen brauchen, zu verspotten, das steht dieser neuen Welt, die weder die Probleme der Liebe noch der Gewalt, der Aggressivität noch der Zärtlichkeit besser gelöst hat, nicht zu.

Einübung von Beziehungen

Die Ehe ist der Ort rechtschaffener Sexualität, vorher lernt man mit ihr umzugehen, man macht auch die Erfahrung, dass man nicht alles haben kann, dass es zum Glück das Nein braucht. Aber die Ehe ist nicht nur die nach gegebenen Umständen möglichst lustvolle Sexualgemeinschaft, sie ist im Bäuerlichen in erster Linie auch Besitz und Arbeitsgemeinschaft. Hinzu kommt, dass der familiale Betrieb Nachwuchs braucht, zum einen als Arbeitskraft, zum anderen als Altersversorgung. Das heißt aber, dass sehr viel mehr zusammenfallen muss als in der städtischen-industriellen Welt, in der zumindest Arbeit und Liebe, Kindsein und Altwerden durch gewisse Sicherheitszonen voneinander getrennt sind. Schon deshalb braucht es im Bäuerlichen andere Grundlagen und festeren Boden. Damit ist zum einen der materielle Besitz gemeint, zum anderen aber auch die Gültigkeit bestimmter Regeln, die lokal durchaus verschieden sein können (je nach Erbrecht darf, ja muss man unter Umständen in einer Art Probeehe die Fruchtbarkeit unter Beweis stellen), die aber als Regelwerk überall den gleichen strengen Anspruch auf Einhaltung fordern.

Wie die bäuerliche Arbeit, so ist auch die bäuerliche Liebe ein von langer Erfahrung geprägtes System, in das man sich einleben muss und das für einen Fremden kaum und nur mit Mühe erlernbar ist. Mann lernt zeitlebens lieben, man übt Abstufungen und Ambivalenzen, dass der Bruder, mit dem man zusammen die Äpfel aufliest, am Abend die Wurst auf dem Brot streitig macht und so am Tag der Tage, wo das Erbe angetreten wird, auch die Äcker streitig machen kann. Vielleicht erlebt man ihn deshalb gar nicht zwiespältig, sondern vielleicht gelingt es, in dieser bäuerlichen Kultur das Aggressive und Nachsichtige in den Partnern

„Läutet die große Glocke zuerst, dann wird der Mann das Oberhaupt, läutet aber die kleine vorher,

zusammen zu sehen. Sexualität dringt eher in das Kinderleben ein, die lebendige Natur macht Fragen nach der Fruchtbarkeit unumgänglich, wenn es auch keinen Sexualkundeunterricht gibt. Tagtäglich sieht man Tiere, die (nicht schamlos, jedoch ohne Scham) kopulieren und Geheimnisse des Lebens praktizieren, die einem im Bauernhaus rein räumlich immer näher sind; denn auch die Aufteilung des bäuerlichen Hauses gewährt keine isolierte Schlafzelle für die sich vereinigenden Erwachsenenpaare. Was da läuft und wie das aussieht, welche Geräusche und Gesichter entstehen, wird also kaum unbemerkt geschehen.

In der Pubertät brechen keine wilden Blüten hervor, keine voreiligen Früchte, sondern da wird gegärtnert, gepflanzt, gejätet, unter Aufsicht gedüngt – oder, um andere Bilder zu wählen, das bäuerliche Leben hat erstaunliche Möglichkeiten gleichgeschlechtlicher, gleichaltriger und zwischengeschlechtlicher, Altersklassen überschreitender sozialer Konfigurationen. Man verknallt sich nicht in eine Frau und verliert dadurch den Kontakt zu seinen Altersgenossen, sondern es existieren vielfältige Gruppen, in die man eingebunden ist und die parallel den Kontakt zu den eigenen Geschlechtsgenossen wahren und den zum anderen Geschlecht mit aller Vorsicht ein Stück weiter öffnen. Die Lichtstuben, die regional und lokal recht verschieden funktionieren, sind ein Beispiel für solche vielschichtigen, aber dennoch geordneten Kontakte. Und das ist der wichtige Unterschied zu heute, es geht nicht nur um verschiedene Möglichkeiten, die man nach seinem Wunsch auswählen kann, sondern es geht um eine Palette von Verhaltensweisen, die es insgesamt einzuüben gilt.

Der Zeichenwert der Dinge

Körperliches Reifen wird anders gespiegelt als in der modernen Welt. Die Knaben beispielsweise werden früh und stufenweise in den Arbeitsprozess eingeführt, sie beginnen mit der Hacke und sie sind erwachsen, wenn sie so mähen können wie der Vater. Mähenkönnen ist parallel gesehen zu ein Gespann führen - und wer ein Pferd zu lenken weiß, der kann auch eine Frau, sei sie noch so störrisch, antreiben und besser mit ihr zusammen geschirren. Die jungen Männer lernen führen, Dinge beherrschen, sie werden mächtig, die jungen Frauen bereiten sich anders auf die geschlechtliche Vereinigung und das Zusammenleben vor:

Sie präparieren die Aussteuer. Man lernte das Verarbeiten des selbst hergestellten Leinens, man übte die Fertigkeit der Finger, man träumte aber auch vom kommenden Leben, das sich stückweise in der Fertigstellung offenbarte. Wer sein Tanzhemd näht und bestickt, dem wird die Musik und die Bewegung im Kopf sein, wer Kinderkleidung anfertigt, der wird an Schwangerschaft denken, und wer das Hochzeitskleid verziert, der wird auch nicht nur an die Kuchen, die gebacken werden, seine Sehnsucht verschwenden – zumal, wenn dieses Kleid wie in vielen Kulturen, identisch ist mit dem Totengewand und so eindrucksvoll und einleuchtend den Zusammenhang des Lebens verstehen lässt und in einen Gegenstand einschließt. Die Aussteuer ist mehr als die Summe der im Hause notwendigen Dinge. Sie enthält die ganze Lebensbahn, deren Stationen man selber bei der Arbeit mit Nadel und Faden, den Anweisungen der Alten folgend, in der Phantasie vorwegnimmt. Der ungeheure Aufwand, mit dem bestimmte Trachtenstücke bestickt wurden, erhält da seinen Sinn; die Geduld und die Liebe, die man für die Herstellung bestimmter Kleidungsstücke aufbringt, ist keine Verschwendung, weil man eben nicht nur ein Mieder herstellt, sondern seine eigene Schönheit: ein Stück von sich für einen anderen, der es gelernt hat zu sehen, dass ein Mädchen, das sich auf solche artistischen Kreuzstiche versteht, auch kreuzbrav und mehr sein wird.

Die Dinge haben neben ihren Gebrauchswerten auch Zeichenwerte. Die Haartracht und das Schultertuch, der Zopf und die Lederhose, das alles hat neben seiner vordergründigen Funktion auch eine ingründige, die nur der spürt, der von Kindesbeinen an in diese signalreiche Welt hineinwächst: Und diese Zeichen sind eben nicht nur die sichtbaren und offenkundigen Demonstrationen von Zuwendungen oder Begierde, wie der Maibaum, der in waghalsiger Kletterei vor dem Fenster der Liebsten heimlich angebracht wird – und wer glaubt, dass dies heimlich in unserem Sinne, also unbemerkt, geschieht, der hat vom Dorf und seinen großen Ohren nichts verstanden. Es sind mehr noch die unscheinbaren Alltagserlebnisse, die das Auge registriert und ohne direkte bewusste Kontrolle in die Welt der Gefühle einströmen lässt. Ich bin mir sicher, dass es das Mysterium der Liebe auch auf dem Dorf gibt und dass es den Betroffenen genauso mysteriös erscheint wie unsereinem, wenn er von Leidenschaft erfasst wird. Es ist eine andere Art von Leidenschaft die, um es etwas vulgär auszudrücken, auf Äcker scharf ist, und die nicht nur an der Länge der Haubenbändel, sondern an der Rundung und Färbung der Backen die liebenswerte Fähigkeit des Besitzhabens und Bestellenkönnens wahrnimmt. Die bürgerlich-städtische Welt glaubt an den irrationalen Charakter der Liebe, und

„Die meisten Verlobten werden in den Lichtstuben mit einander bekannt." (Laichingen, Oberamt Münsingen)

Johann Baptist Pflug (1785 – 1866), Kirchweihfest in Laupertshausen, 1838, Öl auf Leinwand, 43 x 57,5 cm
Landkreis Biberach

die Bilder vom Feuer kommen sicher nicht von ungefähr, die Liebe entzündet sich, man entflammt, hat eine Flamme, man verzehrt sich usw.; aber man räsoniert nicht über das Holz und was ist, wenn der Brennstoff aufgebraucht ist, oder anders gesagt, die Liebe im nichtbäuerlichen Milieu hat natürlich – und vielleicht gerade da am ehesten, wo es am heftigsten bestritten wird – auch eine materielle Grundlage.

Das Ineinander von Körper und sozialem Stand, das kollektive Einverständnis über Schönheit, die Wahrnehmungsfähigkeit von unauffälligen Botschaften und ihre Interpretation durch die Gefühle sind in der eigenen Kultur schwerer zu verstehen als in einer teilweise oder gänzlich fremden. In dem schon erwähnten „Barfüßele" von Berthold Auerbach werden einige Hinweise auf die Werbestrategie eines jungen Bauern gegeben. Das, was Auerbach in Sprache übersetzt, als Sprachloses zurückgedacht, das wäre in etwa die Arbeitsweise, wie solche Regeln des Einschätzens und Abschätzens von den Eltern, Geschwistern, den Gleichaltrigen und den Dorfalten eingetrichtert und erlernt werden. Der junge Mann beschließt, in einer anderen Gegend eine Ehefrau zu suchen, und er nimmt sich zehn Tage Zeit. Der Vater empfiehlt ihm, sich an einen der Familie bekannten Bauern zu halten: „Bind dich nicht ehe du ihn befragt hast; der kennt das Inwendige aller Menschen auf zehn Stunden im Umkreis und ist ein lebendiges Hypothekenbuch." Aber auch der Sohn weiß mit Hypotheken umzugehen, er gesteht der Mutter, dass er sich fast in eine Magd verliebt hätte (Barfüßele natürlich und es geht ja auch gut aus!): „Ich hab eine gesehen, die die Recht gewesen wäre, aber es ist die Unrecht gewesen. (...) Es hat mir selber ganz allein nicht gefallen, dass sie eine Magd ist; das geht nicht, und drum bin ich fort."

Die Mutter gibt ihm in der Abschiedsszene jede Menge an Deutungsmustern, mit deren Hilfe er die Recht aussortieren kann: „Ich seh's einer am Mund an, ob der Mund schon geflucht und geschimpft und gescholten hat, und ob er's gern tut. Ja, wenn du sie im Ärger weinen sehen, wenn du sie im Zorn ertappen könntest, da wäre sie am besten kennen zu lernen; da springt der versteckte inwendige Mensch heraus." Sie sieht daran, „wie eine das Licht auslöscht, wie's in ihr aussieht und was sie für ein Gemüt hat". Dann natürlich die Arbeitsamkeit – „ein Mädchen darf nie mit leeren Händen gehen". Wichtig ist auch, wie sie lacht, dass ihr die Blumen gedeihen, ob sie beim Singen gerne die zweite Stimme singt und dass sie ihr Schreibbuch aus der Schule noch hat. Als sich hier der Sohn wehrt – „Mutter Ihr nehmt noch die ganze

„Wo d' Liabe nafällt, do bleibt se liega, ond wenn's a Misthauf wär." (Sprichwörter Merklingen)

Welt zum Wahrzeichen" – erklärt sie ihm: „Ein Mädchen, das nicht gern alles aufgewahrt, was einmal gegolten hat, das hat kein rechtes Herz."

Diese Auerbachfigur ist sicher auch schon Apologetin einer bürgerlichen Ordnung, aber gleichzeitig weist sie in diese Welt, in der alles auch Wahrzeichen ist, hinein. Liebe auf dem Dorf ist vielleicht noch keine Kunst, aber auf jeden Fall ein schwieriges Handwerk, dessen Regeln es im Heranreifen zu erwerben gilt. Die Vorbereitung auf die Ehe heißt, die Methode sich anzueignen, wie man den oder die Richtige findet. Basis ist der Besitz, und das ist weder von Auerbach noch von mir wegzudisputieren, aber weshalb es so selten zu Katastrophen kommt, weshalb sich in der Regel die Richtigen finden und es auch ein Leben lang miteinander können, das zeigt doch, dass es praktisch eine Schulung der Wahrnehmung gibt, die Gefühle auf das eigene Fortkommen einzustimmen. Das wird vermutlich aber auch heißen, dass nicht jedermann die reichen Bauerndirnen mit den dicken Backen liebt, sondern dass sich in den sozialen Niederungen der Kleinbauern und Dienstboten andere Schönheitsideale entwickeln und man das Unerreichbare auch gar nicht begehrt. Im Dorf zeigt sich mit erstaunlicher Kontinuität und Regelhaftigkeit, dass man unter seinesgleichen heiratet. Vom Grund und Boden her ist es leicht zu erklären. Auf Kosten des eigenen Untergangs durfte keine und keiner nach unten heiraten. Das hätte in kleinbäuerlichen Lebensverhältnissen mehr Hunger, mehr Not, mehr Unglück, ein kürzeres Leben, Bedrohung der Kinder, Frieren und Krankheit bedeutet. Und weil niemand nach unten möchte, konnte natürlich auch niemand nach oben.

Hochzeit auf dem Dorfe

Die Hochzeit vereinte zwei Besitzhälften, zwei Arbeitskräfte und zwei Geschlechtspartner. Ein Einzelner war in der bäuerlichen Welt kein Ganzes. Ein Mann braucht eine Frau und eine Frau einen Mann; schon die Verteilung der Arbeiten erforderte dies, ein alleinstehender Mann wäre verhungert, er hätte nichts anzuziehen gehabt, bestimmte Arbeiten konnte er nicht – an diesem Punkt war er, der Patriarch, auch schwächer als die Dorfgenossinnen, die des Mannes vielleicht nicht so sehr bedurften wie der Kinder, um deretwillen man sich auch zusammentat. Die Kinder brauchte man, um den Besitz nicht herrenlos

„Wer warta ka, kriagt au en Ma." (Sprichwörter Merklingen, Oberamt Münsingen)

werden zu lassen und um im Alter ein Auskommen zu haben. Deshalb war es auch im Interesse der Gemeinde und der anderen Dorfbewohner, dass jeder verheiratet war und Kinder bekam. Die auf uns abstoßend wirkende Art und Weise, wie beispielsweise an Fasnacht oder bei anderen volkstümlichen Lustbarkeiten sogenannte Altledige beschimpft werden, hat ihren Grund in der Sorge, dass unverheiratete Alte der Gemeindekasse zur Last fallen. So ist die Hochzeit ein Fest des Dorfes, bei dem in verschiedenen Formen, aber zumeist zusammen und auch aufwendig gefeiert wird, nämlich dass Zwei aus der Obhut der Eltern entlassen und gleichberechtigte Genossen mit allen bürgerlichen Rechten werden. Die Präsentation der Aussteuer, die vielerorts üblich war, ist auch als Akt der Kontrolle zu sehen, aber es ist auch mehr: die Kontrolle ist zugleich Ausdruck des Gesetzes. Nie würde einer wagen, eine unangemessene Zahl von Hemden oder Betttüchern zu präsentieren – weder zuviel noch zuwenig. Das Vorweisen des Hausrats heißt, ich habe die Regeln gelernt und ich weiß sie zu akzeptieren. „Ich unterwerfe mich", würden wir sagen, „ich gehöre dazu", vielleicht ein Bauer.

Die handgreiflichen existentiellen Bedrohungen im bäuerlichen Leben waren größer. Wir kriegen vielleicht Krebs oder werden vorher schon vom Atomerstschlag ausradiert, aber vor den kleinen Bedrohungen sind wir durch Zentralheizung, Tiefkühltruhe, Krankenkasse und Sozialversicherung geschützt. Das bäuerliche Leben sicherte vor tiefen Abgründen, deshalb hielt es sehr fest, uns würde es weh tun, damals war die Fessel vor allem auch Halt.

Einschneidend für das Fortbestehen des Hofes und des eigenen Überlebens war die Existenz und die Zahl von Kindern. Je nach Größe des Hofes und der Form des Erbrechts und je nach bestimmten anderen ökonomischen Faktoren war es sehr verschieden, wann der Segen zum Fluch werden konnte. In kleinbäuerlichen Verhältnissen war es jedenfalls angemessen, sich nicht zu vermehren, sondern in der Zeugung so viel Maß zu Bewahren, dass am Ende zwei Kinder heranreiften, die dann mit zwei anderen aus einer Zweikinderehe wieder das gleiche Sach und das gleiche Ansehen haben würden wie man selbst. In einem Dorf im Neckarraum zeigt sich, dass die Zahl der über 14jährigen Kinder pro Ehe auf das ganze 19. Jahrhundert umgerechnet genau bei 2.02 lag. Das heißt, dass mit einer frappierenden Konstanz diese Grundregel eingehalten wurde. Diese Enthaltsamkeit bedeutete sehr viel Not – und ich meine jetzt

„Jetzt hast Du halt g'heirigt, jetzt bist halt e Weib, jetzt siehst du die Lebdag keim Mädle meh gleich."

nicht die relativ geringfügige der Triebunterdrückung oder der Beischlafvermeidung. Viel schlimmer war der Umgang mit den überschüssigen Kindern, und die Härte dieses Lebens zeichnet sich vielleicht am ehesten darin ab, dass die Kindersterblichkeit um die Mitte des 19. Jahrhunderts bei den relativ Reichen weit höher lag als bei den Armen; oder anders gesagt, dass man im Interesse des Besitzes und der anderen verbleibenden Kinder schwächere durch falsche Ernährung, zu fette Milch oder zu dicke Breie aussortierte. Auch daran denkt unsere so kinderfreundliche Welt, in der nur in den Dürrezonen der Sahel und in Indien täglich tausende Kinder verhungern, voller Abscheu.

Trotzdem ist zu bedenken, dass Sexualität im Banne des Hungers, der Angst vor zu vielen Kindern oder zu wenigen, in der Sorge, was man sich und ihnen morgen zu essen geben wird, nicht unbeeindruckt sprießen kann. Es sind kulturspezifische Regeln, die den Trieb modellieren. Anders gesagt: Sexualität begegnet uns nie als bloße Natur, sondern sie ist immer kulturell geformt und reguliert. Dieses bäuerliche Modell hat strenge Gesetze aufgestellt, die jene, die sie nicht einhalten mochten oder konnten, kennzeichneten und beharrlich verfolgten, aber wer das Regelwerk befolgte, der wurde dafür vom Kollektiv gehalten. Man ist als Historiker geneigt, sich mit den Opfern zu identifizieren, vielleicht weil man in der Gegenwart bei so vielem – oft ungewollt – Mittäter wird. Den Nutzen von Regeln sollte man höher veranschlagen – auch und gerade dann, wenn man sie überschreiten möchte. Und vielleicht ist an Barfüßele das Ergreifende, dass dieser bäuerliche Handwerker der Liebe dann im entscheidenden Moment sich auf die Kunst des Liebens besinnt und mit allen Gesetzen in sich, gegen das Gesetz verstößt und die Magd nimmt und glücklich wird. „Und es gibt Blitze im Menschenauge, die nie und nimmer fest gesehen, es gibt Regungen im Menschengemüte, die nie und nimmer fest gefasst werden; sie schwingen sich über die Welt und lassen sich nicht halten." (Barfüßele)

Heiratshandel
Bäuerliches Hochzeiten im Oberland

Uwe Degreif

Dieses Gemälde ist ungewöhnlich. Der Biberacher Genremaler Johann Baptist Pflug (1785–1866) zeigt einen Heiratshandel. Kein anderer Künstler hat so etwas ins Bild gesetzt. Pflug schildert eine Szene, die über Jahrhunderte zum normalen Geschehen einer Heirat gehört. Die Eltern der Braut sind in das Haus des Künftigen gekommen, um die Mitgift auszuhandeln. Ein Notar wurde hinzugebeten und soll das Ergebnis festhalten. Das Geschehen ereignet sich in einer ländlichen Stube im katholischen Oberland, darauf verweist eine Mariendarstellung. Noch ist das Gespräch nicht zufriedenstellend verlaufen: Die Bräutigammutter gibt mit ausgestreckter Hand deutlich zu verstehen, dass ihr Gegenüber nachbessern soll.

Während die Mütter verhandeln, scheinen die Väter bereits zu einer Entscheidung gekommen zu sein. Offensichtlich ist das Paar miteinander vertraut. Liebevoll legt der junge Bauer seine Hand auf die Schulter der Auserwählten. Er ist heiratswillig, seine Kappe aus (Ottern-)Pelz zeigt es uns an. Sie hat ihr Haar geflochten, bald wird sie ‚unter der Haube' sein. Beide Familien entstammen dem Bauernstand, das lässt ihre Kleidung erkennen. Allerdings sind die Eltern der Braut (links im Bild) etwas vermögender als die des Bräutigams (rechts im Bild). Und es zeigen sich Unterschiede zwischen Stadt und Land. Der blaue Kirchenrock, die hellen wollenen Strümpfe samt Zipfelkappe des Bräutigamvaters wie die Bänderhaube der Mutter verweisen auf die „alte Zeit", als Oberschwaben noch zu Vorderösterreich gehörte. 1803 kam die Region zwischen Donau und Iller, zwischen Ulm und dem Bodensee, als „Oberland" oder „Neu-Württemberg" zum Königreich Württemberg, in der Folge bildete sich eine neue Mode aus. Die Brautmutter trägt bereits eine Radhaube, der Brautvater lederne Stiefel, einen weißen Kamisol und eine hohe Pelzkappe. Diese Kleidung ist nicht nur zeitgemäß, weil städtisch beeinflusst, sie lässt auch auf ein gewisses Vermögen schließen. Die Bräutigammutter irrt nicht: Hier gibt es etwas zu holen.

Der Heiratshandel ist eine der Hürden, die jede Verbindung nehmen muss, soll aus ihr eine Ehe werden. Ohne Aushandeln der Mitgift kein Vertrag, ohne Ehevertrag keine Ehe. Verhandelt wird unter Gleichen: Ein Handwerker will eine Handwerkertochter ehelichen, ein Kleinbauer eine Kleinbäuerin, Städter heiraten Städterinnen, eine Katholikin einen Katholiken usw. Auch die evangelischen Bauern verhandeln

Johann Baptist Pflug (1785 – 1866), Der Heiratshandel, 1840, Öl auf Holz, 43 x 53 cm
Museum Biberach

mindestens so hart wie die katholischen. „Mischehen" sind auf dem Lande die Ausnahme und überall schlecht beleumundet. Fast alle ehelichen standesbewusst, dennoch ist keine Hochzeit wie die andere.

Gleich oder verschieden?

Gilt das, was uns für die Katholischen in Ravensburg überliefert ist, auch für ihre Glaubensbrüder und -schwestern in den Landgemeinden? Heirateten die „Lutherischen" auf der Schwäbischen Alb ähnlich wie die Evangelischen in Leutkirch? Wir wissen, dass es bei den „Israeliten" in den Judengemeinden Buchau und Laupheim anders zuging als bei den Christlichen.

Man kann davon ausgehen, dass christliche Hochzeiten im 19. Jahrhundert große Ähnlichkeiten aufweisen und ungezählte Unterschiede. In einem altwürttembergischen Dorf auf der Schwäbischen Alb heiratet man weitgehend so wie im fruchtbaren Allgäu. Hier wie dort bleibt der Dienstag der beliebteste Heiratstag, gefolgt vom Donnerstag. Geläutet wird hier wie dort, wenn sich die Versprochenen zur Kirche aufmachen, wo sie der Pfarrer von der Kanzel verkündet. Aber der Klang der Glocken ist unterschiedlich, und im Katholischen tut er es dreimal verkünden, sein evangelischer Amtskollege nur einmal. Ob eine Heirat überhaupt zustande kommt, das hängt hier wie dort von der Einwilligung des Vaters ab, und der setzt die konfessionelle Zugehörigkeit ungefragt voraus. In den Landgemeinden überwiegt das Gemeinsame, hingegen zeigen sich Unterschiede im Heiratsverhalten zwischen Stadt und Land und zwischen den gesellschaftlichen Ständen.

Sollen sich zwei junge Menschen versprochen werden, so treten zuerst die Eltern und Anverwandten zusammen. Die „Nächsten" beratschlagen, ob sich die Verbindung rechnet. Sie denken an den Hof und an das Vieh, das geteilt werden muss, sie überschlagen, wie viel für die Geschwister übrig bleibt, welche Belastungen bereits bestehen. Eine Landwirtschaft ist kein Kuchen, der in gleich große Stücke geteilt und vervespert werden kann. Jedes Teil für sich muss überlebensfähig bleiben. Alte Schulden müssen abgetragen werden, neue sind fast unvermeidlich. Die Sippe ist zu fragen, ob sie im Sterbefall zur Seite steht, sonst muss die gemeindliche Armenkasse aufkommen. Den Behörden ist es seit langem ein Dorn im Auge, dass immer mehr Mittellose heiraten dürfen.

Ohne Vertrag keine Ehe

Man muss das nüchtern sehen: Der Ehevertrag gleicht einem förmlichen Handel und, falls er zustande kommt, einem Kauf. Das ist im Allgäu nicht anders als in Oberschwaben oder auf der Schwäbischen Alb. Der Sohn kauft dem Vater das „Baurengut" ab. Die beiden werden es bewerten, ebenso die Eltern und Verwandten der Braut. Sind sie zufrieden, so wird der Vertrag aufgesetzt; wo nicht, wird mit dem Vater oder den Brauteltern weiter verhandelt. Wollen sich diese nicht bequemen, zerschlägt sich der Handel und damit die Heirat. Dann muss der Sohn seine Auserwählte fahren lassen und eine andere suchen. Zumindest diese Frage scheint im Pflug'schen Gemälde zwischen Vater und Sohn geklärt. Offen ist hingegen, ob auch die Bräutigameltern das Heiratsgut der Künftigen als zufriedenstellend erachten. Kommt man überein, dann wird das Ergebnis ins „Ehebuch" eingetragen und es werden Abschriften erstellt. Der Vertrag wird von den Eltern, dem Brautpaar, den benannten Zeugen und dem Notar oder Schultheiß unterzeichnet und bildet die Grundlage für die spätere Inventur. Gewöhnlich benennt der Heiratsvertrag auch den Zeitpunkt, an dem die Hochzeit stattfinden soll.

Die durch die Eltern arrangierte Wahl der Ehepartner ist als elterliches Konsensrecht gesetzlich fixiert. Dies bedeutet nicht, dass der Vater oder die Mutter ein Kind zu einem bestimmten Ehepartner zwingen können. Allerdings steht den Eltern im Falle einer „Ehe ohne Konsens" das Recht zu, den Sohn bis auf die Hälfte des Pflichtteils zu enterben.[1]

Unter Bauern kann erst dann geheiratet werden, wenn eine ausreichend große „Ökonomie" zusammenkommt. Damit die Substanz der Höfe nicht ausgezehrt wird, wird meist nur ein Teil der Mitgift abgetreten, gemeinhin eine Hälfte sofort und die andere Hälfte als Darlehen. Dieser Teil muss in 10, 20, 30 Jahren abgetragen werden. Vielfach wird berichtet, dass ein Brautpaar Schulden der Vorgängergeneration übernommen hat. Vom baren Gelde und was die Eltern sonst noch an Wertgegenständen und Möbeln besitzen, werden die Heiratsgüter der Geschwister bemessen. Der Vater dingt sich aus, er lebt fortan von den „Pfründen" (Oberschwaben), dem „Leibgeding" (Schwäbische Alb), das ihm das Kind lebenslänglich

komme, vo dr Kirch ins Hoazichhaus, vom Hoazichhaus in Hirsche naus."

gewährt. Dieses schließt die Mutter ein, die jedoch keinen Eigentumstitel am Hof besitzt. Die Mitgift besteht überwiegend in Naturalleistungen, besonders in Mobiliar und Vieh, und, je nach Erbrecht, in Boden. Die Freiteilbarkeit des Bodens (Realteilung) auf der Schwäbischen Alb begünstigt die Gründung neuer, wenn auch häufig kümmerlicher Existenzen. In Anerbengebieten wie Oberschwaben und dem Allgäu erzwingt der ungeteilte Erhalt des Familienbesitzes einen persönlichen Verzicht der nicht-erbenden Kinder und eine langjährige Zurückstellung der Erweiterungswünsche der Erbenden, die die Geschwister auslösen müssen. Beides führt zu erheblichen Spannungen.

Für die weichenden Erben ist die Heirat des Ältesten mit einem sozialen Abstieg verbunden. Das Anerbenrecht verdammt die übergangenen Söhne meist zu langer Ehelosigkeit. Kein Wunder, wenn das männliche Heiratsalter in diesen Gebieten höher ist als in Realteilungsgebieten und einen höheren Anteil an verhinderten Ehen aufweist. Eine in Aussicht stehende Eheverbindung bringt also nicht nur die Gründung eines neuen Hausstandes mit sich, sie bedeutet auch eine tief greifende Zäsur im Zusammenleben der Generationen. Die Jugend ist vorbei, das Verhältnis zu den Eltern und den Geschwistern wandelt sich und ist oft über Jahre belastet.

Wie sich kennenlernen?

In jener Zeit sind die Möglichkeiten sich kennen zu lernen, begrenzt. Der wichtigste Ort der Dorfjugend ist die Spinnstube („Lichtstube"). Sie ist fast überall anzutreffen, in ihr wird während der Wintermonate, meist gegen ein Entgelt, „das Licht" gehalten. Man trifft sich zu abendlichen Zusammenkünften unter Aufsicht eines Erwachsenen. Es werden Handarbeiten verrichtet, es wird gesponnen, gestrickt, geschwätzt und gesungen. Kontaktmöglichkeiten ergeben sich während der Arbeit auf dem Felde, bei den verschiedenen Jahrmärkten, der jährlichen Kirchweih oder bei der „Sichelhenke", dem Fest zum Abschluss der Ernte. Näher kommt man sich auch auf den Hochzeiten der Verwandten. Meist lernt man die kennen, die aus dem selben Dorf stammen oder aus dem Nachbarort.

„Wenn es in 's Kränzle regnet oder schneit, wird man reich." (Laichingen, Oberamt Münsingen)

Vermutlich wurden bis zur Mitte des 19. Jahrhunderts auf dem Dorf mehr Ehen auf andere Weise gestiftet: Unter Zuhilfenahme eines Heiratsvermittlers. Es ist diese eine Art und Weise eine Heirat einzuleiten ohne eigene Phase des Kennenlernens. Die „Werber", „Schmuser" oder „Kuppler" sind Männer, die von Berufs wegen in der Gegend herumkommen und die heiratsfähigen jungen Frauen kennen. Vielfach übernehmen Kaufleute oder jüdische Viehhändler, die über die Vermögensverhältnisse auf den Höfen Bescheid wissen, diese Funktion.

Wie das in etwa abläuft, ist uns überliefert: „An einem bestimmten Tag geht der ‚Schmuser' im Auftrag des Heiratswilligen zum Hof der Ausgeschauten und spricht bei deren Eltern vor – häufig unter Vortäuschung einer anderen Angelegenheit. Nicht selten ist der wirkliche Grund seines Kommens den Gastgebern bekannt, sei es, weil der Vermittler schon öfters solche Aufgaben übernommen hat, sei es, weil sie von anderer Seite über die bevorstehende Werbung unterrichtet wurden. Gewöhnlich deutet schon die Art seines Auftretens auf sein Vorhaben hin. Nach vielen Umschweifen kommt der Mittelsmann auf den wirklichen Zweck seines Besuchs zu sprechen. Der Werber fragt, wie viel Vieh im Stall sei, mit der Deutung, man möchte ihm es auch zeigen. Vom Stalle geht's in die Stube, in die Kammern, in alle Gemächer hinauf bis auf den Fruchtboden unterm Dache, alles wird eingesehen und visitiert. In Stuben, Stubenkammern, Schlafkammern werden Kästen und Behälter aufgeschlossen, das Bettzeug, Weißzeug besehen, die Wandschränke geöffnet. Der Heiratsvermittler lobt seinen Auftraggeber und rühmt dessen Besitz. Er versucht herauszufinden, ob seine Werbung Aussicht auf Erfolg hat, welche Mitgift gewährt wird usw. Schließlich wird seine Werbung – manchmal erst nach mehrfachem Besuch – angenommen oder abgewiesen. (...) Nach dem Zustandekommen der ersten Verbindungen macht er eine Zusammenkunft zwischen den Elternpaaren aus, vermittelt zwischen den Forderungen auf Mitgift, Altenteil, Auszahlung der Geschwister. Ein Hauptpunkt ist der Schuldenstand, der auf Haus, Hof und Gut lastet. Zeigt sich der Hofbauer nicht abgeneigt, so überbringt er die frohe Botschaft dem jungen Bauern, der heiraten will. Es tritt eine acht- bis zehntägige Bedenkzeit ein. Nach zwei oder drei Tagen kommt der junge Bauer selbst und lernt seine künftige Braut kennen."[2]

Bauern heiraten fast ausschließlich Frauen aus bäuerlichen Familien, da sie bei ihnen das Vertrautsein mit der schweren körperlichen Arbeit und den Autoritätsverhältnissen auf dem Hof voraussetzen können.

„Am Mittwoch fliegt kein Vogel aus." (Herbertingen, Oberamt Saulgau).

Dies bedeutet nicht, dass jede jeden akzeptiert und bereit ist auf seinen Hof zu ziehen. Schließlich geht es nicht nur um die Versorgung, sondern auch um ein Vorwärtskommen und um eine vermögendere Zukunft. Aus Sicht der „Wirtschaftsehe" braucht es dafür gute Argumente. „Will das Herz eine Eroberung nicht ganz vollbringen, so wird der Sirenengesang von der Zahl der Rosse, der Kühe, der Ochsen, der Jaucherten Äcker und Mannsmaden Wiesen angestimmt, die man hätte, und selten schlägt man diese herrliche Seite vergebens an."[3]

Auf dem Lande ist die Auswahl möglicher Ehepartner sehr eingeschränkt. Man kennt sich, weiß um die Verhältnisse und achtet darauf, sich durch eine Heirat nicht um den Ruf zu bringen. Will einer nach außen heiraten, dann zählt der gute Ruf einer Familie als eine Form der Mitgift, wie auch Verwandtschaftsbeziehungen, denn die bäuerliche Sippe gewährt in Notsituationen Schutz und Unterstützung. Die Heirat mit einem Bauern, dessen Verwandtschaft vermögend ist, kann als eine Art Ersatz für fehlende eigene Mittel angesehen werden.

Beschau und Verspruch

Die „Beschau" findet vielfach an einem Sonntag statt. Sie gilt dem Hof, auf den geheiratet wird, und ist der Gegenbesuch der Braut mit ihren Eltern und Brüdern. Die Beschau, auch „Brautschau" genannt, entscheidet darüber, ob man sich verloben will oder nicht. Zwischen Beschau und Heiratstag bleibt noch Zeit zum Absagen. Besichtigt werden Haus, Stall und Scheune, aber auch die Felder, die Wiesen, und, sofern vorhanden, der Wald. Danach geht es in die Kammer und es werden Kasten, Schrank und andere Aufbewahrungsorte inspiziert. Teilweise wird schon an diesem Tag – wie in Pflugs Gemälde dargestellt – zwischen den Eltern über das Heiratsgut, den Preis des Hofes und den Ausding der Alten verhandelt. Da viele Landbewohner praktisch kein Land besitzen und es fast keine Mitgift auszutauschen gibt, kommt der Arbeitsfähigkeit des Ehepartners ein entscheidendes Gewicht zu. Kraft, Gesundheit und eine gute Konstitution zählen in den unteren Schichten wie auch bei den Kleinbauern zu den gefragten Eigenschaften von Mann und Frau. Schließlich müssen die Frauen neben harter körperlicher Arbeit auch zahlreiche Schwangerschaften verkraften.

„Im Liebesleben findet längere Bekanntschaft nur statt, wenn die Mutter nichts ist." (Ringgenweiler)

Die gängige Bezeichnung für das Eheversprechen lautet in Oberschwaben und auf der Schwäbischen Alb „Verspruch", gebräuchlich sind auch „Heiratsabrede" und „Eheverlöbnis". Eine eigene Feier findet aus diesem Anlass nicht statt, gelegentlich geht man anschließend gemeinsam ins Wirtshaus. In der Stadt entwickelt sich daraus die Verlobungsfeier.

In katholischen Gegenden legen die Brautleute meist am Heiratstag das „Brautexamen" ab. Das Brautexamen hat sich aus der für die kirchliche Verkündigung notwendigen Anmeldung entwickelt. Der Geistliche soll feststellen, ob sich der Heirat kirchliche oder rechtliche Verhältnisse entgegenstellen. Er überzeugt sich, ob das Brautpaar ausreichend religiöse Kenntnisse besitzt und seine Pflichten im Ehestand kennt, weil die Eheschließung mit der Kommunion und der Beichte verbunden ist. Ihm ist auch die Aufgabe übertragen, die Braut auf Ehre und Gewissen zu fragen, ob sie noch Jungfrau ist und somit berechtigt, in bräutlicher Tracht und Hochzeitskrone vor den Altar zu treten. Auch in manchen evangelischen Gemeinden kennt man das Brautexamen. Ist dieses absolviert, wird der Pfarrer das Paar am Sonntag von der Kanzel verkünden. Fortan gilt es als verlobt („sich versprochen"). Der Heiratstag ist der Tag der Entscheidung, nun gibt es in der Regel kein zurück mehr. Die Brautleute gehen von Haus zu Haus und laden zur Hochzeit ein; vielfach werden sie von einem „Hochzeitslader" unterstützt. Eingeladen wird einige Tage bis eine Woche vor der Hochzeitsfeier.

Bevor eine Ehe geschlossen werden kann, haben die Brautleute öffentlich an Dritte die Aufforderung zu richten, etwaige Hindernisse dem Pfarrer zur Kenntnis zu bringen. Mit Inkrafttreten des „Reichspersonenstandgesetzes" am 1.1.1876 wird die Eheschließung zu einem Zivilakt. Fortan ist nur die von einem Standesbeamten geschlossene Ehe rechtsgültig. Einwände müssen auf dem Rathaus vorgebracht werden. Eine nach den Vorschriften des Kirchenrechts geschlossene Ehe ist gesetzlich nicht wirksam. Viele Ehepaare verbinden nun den Tag der kirchlichen Trauung mit dem Gang zum Bürgermeisteramt.

Wann wird geheiratet?

Auf den Bauernhöfen werden Hochzeiten bevorzugt in den arbeitsarmen Jahreszeiten abgehalten. Im Winter ist dies die Zeit zwischen Dreikönig und Fastnacht, im Frühjahr vor dem Ausbringen der Saat,

„'S Liaba ond 's Senga loßt se net verzwenga." (Sprichwort Merklingen, Oberamt Münsingen)

im Herbst nach dem Einbringen der Ernte. Vielfach wählt man einen Feiertag, bspw. Oster- und Pfingstmontag, daneben auch den Kirchweihmontag. Im evangelischen Bereich gelten Lichtmeß (2. Februar), Johanni (24. Juni) und Jakobi (25. Juli) als beliebte Termine, im katholischen Bereich der Donnerstag vor Fastnacht. In katholischen Gebieten wird während der Fastenzeit nicht geheiratet. Eine Hochzeit im Frühsommer bringt den Vorteil, dass die Tenne, auf der fast immer gefeiert wird, leer ist und nicht für Tiere oder Futtervorräte vorgehalten werden muss.

Als beliebteste Wochentage erweisen sich im gesamten Oberland Dienstag und Donnerstag, wobei der Dienstag bevorzugt wird. Mittwoch ist traditionell Markttag, da sind zu viele unterwegs. Zudem bleibt der Mittwoch den so genannten „gefallenen" Brautpaaren vorbehalten. Die Montagshochzeit wird von der Kirche nicht gerne gesehen, da der Sonntag durch Hochzeitsvorbereitungen gestört wird. Der Freitag gilt als Tag des Sterbens Christi und soll fleischlos gehalten werden. Außerdem gilt er als Unglückstag. Der Samstag dient der Vorbereitung auf die Predigt, der Kirchgang am Sonntag soll nicht durch Feiern bis in die Nacht erschwert werden. Mit zunehmender Industrialisierung und Veränderung des Arbeitsrhythmus wird neben dem Dienstag der Montag zu einem beliebten Heiratstag. Als „Blauer Montag" kann er gelegentlich frei gemacht werden, zudem wird am Samstag der Lohn ausbezahlt. In den Städten überwiegt in bürgerlichen Kreisen bereits in der ersten Hälfte des 19. Jahrhunderts der Samstag als Trautag. Am Samstag heiraten auch die Angehörigen des Militärs.

Vielfach erfolgt der Einzug der Braut ins Elternhaus des Bräutigams am Tag vor der Hochzeit. Dieser Umzug wird für alle sichtbar inszeniert und die Aussteuer unter den Augen der (Dorf-)Öffentlichkeit in das neue Heim gefahren. Dafür wird der Wagen festlich geschmückt. Auf ihm befinden sich das neue Ehebett, Matratzen, Zudecken, Schrank, Truhe, Stühle, Spinnrad. Brautführer und Brautjungfern sind festlich gekleidet, ebenso der Fuhrmann. Bei einem Umzug innerhalb des Ortes entfällt die Brautfuhre, dann tragen die Kameraden und Kameradinnen die Aussteuer von einem zum anderen Haus. Das Aufladen der Aussteuer besorgt der Schreiner gemeinsam mit den Brautführern und Brautjungfern. Braut und Bräutigam sollen nichts anrühren.

In katholischen Orten werden jetzt die neue Wohnung, die Aussteuer, die Kleider und insbesondere das Bett vom Pfarrer eingesegnet. Für die „Benediktion" wird das Haus gereinigt und geschmückt. Am selben Abend oder am Sonntag früh geht das Paar zur Beichte und empfängt die Kommunion.

Als Geschenk erhält die Braut vom Bräutigam die Hochzeitsschuhe und Hochzeitsstrümpfe, dazu den Unterrock und das Gesangbuch. In katholischen Orten erhält sie zusätzlich einen Rosenkranz mit Wachsstock, in evangelischen die Bibel. Der Bräutigam bekommt von der Braut ein Hemd mit Kragen, eine Weste und ein Taschentuch, später kommt eine Krawatte hinzu. Das Hemd soll von der Braut selbst verfertigt sein.

Der Hochzeitstag

Ob am Hochzeitstag in der Frühe geschossen wird oder nicht, ist regional unterschiedlich: Auf der Schwäbischen Alb ist das Schießen kaum bekannt, in Oberschwaben sehr wohl. Es ist die Aufforderung, sich im Haus der Braut einzufinden. Hier wird den ankommenden Gästen die „Morgensuppe" gereicht. Diese besteht nicht nur in Flüssigem, sondern ist eine vollwertige Mahlzeit. Dann geben die Glocken das Zeichen zum Aufbruch. Die Braut erscheint angekleidet, die Schar der Hochzeitsgäste formiert sich zum Hochzeitszug. Dieser setzt sich unter musikalischer Begleitung in Bewegung. Charakteristisch sind die vorausgehenden kleinen Kinder. Ihnen folgen Brautführer und Brautjungfern, dann das Brautpaar, sofern vorhanden das zweite und dritte Brautführerpaar, dann die männlichen Gäste, schließlich die weiblichen. Die Reihenfolge ist regional unterschiedlich. Die Paare gehen „per Arm", während sich die Brautleute nur an der Hand führen oder von den Brautführern begleitet werden. Sie werden vom Pfarrer an der Kirchenpforte empfangen und an den Altar geführt.

Nach der Trauung wird in Oberschwaben erneut geschossen. Der Zug begibt sich nun in Richtung Wirtshaus oder Bräutigamhaus. Unterwegs wird er „gesperrt", der Bräutigam muss die Gesellschaft dann mit Geldspenden oder Süßigkeiten auslösen.

Zur Ausstattung der Braut gehörte die Brautkrone, der „Schappel". Er wird von Mädchen bei Taufen, Hochzeiten, Konfirmationen und Kommunionen getragen, zeichnet sie als künftige Braut aus und hebt ihre geschlechtliche Integrität hervor. Bei der Hochzeit trägt die Braut den Schappel zum letzten Mal. Dieser sieht von Gemeinde zu Gemeinde unterschiedlich aus. Er gehört zum Hof und verbleibt nach der Hochzeit in der Familie der Braut. Besitzt ihre Familie keine Brautkrone, so trägt sie den der Familie des zukünftigen Ehemannes oder leiht sich einen. Schappeln kommen im gesamten Oberland vor, in den Reichsstädten ebenso wie auf den Dörfern, und sind als Brautschmuck nicht konfessionell gebunden.

Die Feier

Vielerorts sitzt der Bräutigam während der Feier nicht bei der Braut, sondern an der unteren Seite des „Ehrentischs". Die Braut sitzt oben an der Ecke, im „Tischwinkel". Mit am Tisch sind Eltern, Geschwister und Verwandte. Nachbarn und andere Gäste nehmen an einem eigenen Tisch Platz. Die Sitzordnung folgt den familialen und gesellschaftlichen Verhältnissen, nicht den emotionalen. In einigen Gegenden müssen die Brautleute während eines Teils der Hochzeitsfeier unter der Haustür zubringen und die Ankommenden empfangen und begrüßen. Sie reichen ihnen die Hand und nehmen die kurzen Gratulationsworte mit einem Händedruck entgegen.

Auf der Schwäbischen Alb dauert das Essen meist ein bis zwei Stunden, in Oberschwaben etwas länger. Das Essen besteht aus verschiedenen Gängen, in Oberschwaben ist es etwas reichlicher bemessen. Überall wird reichlich Fleisch gereicht. Findet das Essen zuhause statt, so wird aus dem geschöpft, was der eigene Garten und die eigene Kleintierhaltung hergeben. Nach dem Essen geht man in katholischen Gebieten auf den Friedhof, andernorts bricht man zu einem Spaziergang auf. Die meisten Gäste gehen auch zur Besichtigung. Die Männer begutachten den Hof, den Viehstand und den Fruchtvorrat, die Frauen die Aussteuer.

Nicht bei allen Hochzeiten gibt es Musik. Besonders dort, wo religiöse Empfindungen dominieren, kommt es zu einer „stillen Hochzeit". Auch wenn die Brautleute arm sind oder es eine zweite Heirat ist, wird auf

Musik verzichtet. Bei den „Tanzhochzeiten" sind Blechmusik bzw. Instrumentalmusik üblich – Klarinette und Geige oder Trompete und Geige. Bei einfachen Hochzeiten werden diese durch ein Ziehharmonika- oder ein Geigenspiel ersetzt.

Die Hochzeitskosten bezahlen die Eltern der Brautleute je zur Hälfte. Man unterscheidet die „Zechhochzeit" und die „Feierhochzeit". Bei der „Feierhochzeit" werden alle Gäste freigehalten, weshalb diese bevorzugt zuhause stattfindet. Die Hochzeit im Wirtshaus, bei der jeder Gast seine Zeche selber bezahlt, heißt „Zechhochzeit", „Mahlhochzeit" oder „Schenkhochzeit", weil die Leute vorwiegend zum Schenken kommen. Bei solchen Hochzeiten rechnet man mit weit mehr Gästen als bei den Haushochzeiten, fast jedes Haus schickt wenigstens einen Vertreter. Abends nach dem Stall gibt man dem Brautpaar die „Ehre". Mit den Worten „Ich will meine Schuldigkeit abstatten" überreicht man dem Brautpaar das Geschenk. „Wir wollen sehen, dass wir es auch wieder hereinbringen", gibt dieses zur Antwort.

Bei der „Schenkhochzeit" machen die Brautleute einen Gewinn, während die Ausgaben bei der „Feierhochzeit" manchmal beträchtlich sind. Der Hochzeitslader hat deshalb darauf zu achten, dass die Kosten der Feier nicht unangemessen steigen und sich das Brautpaar nicht allzu sehr verschuldet. Aus einem weiteren Grund kommt den Geschenken eine große Bedeutung zu: Da die Braut in der Ehe kein Eigentum erwerben kann, ihr aber die Aussteuer samt Hochzeitsgeschenke verbleiben, ist für sie eine „Schenkhochzeit" vorteilhafter als eine „Feierhochzeit"

Am Ende des 19. Jahrhunderts sind Geldgeschenke allgemein verbreitet. Dabei geht man auf der Schwäbischen Alb früher dazu über als in Oberschwaben. Man schenkt per Handschlag mit geschlossener Faust, in der sich ein Geldschein verbirgt. Für die Geldgeschenke wird vor der Braut ein Zinnteller mit Deckel aufgestellt, in welchen das „Schenkegeld" gelegt wird. Vielfach werden die Hochzeitsgeschenke aufgeschrieben, damit man weiß, wem und wie viel man gegebenenfalls wettmachen muss. Diese Aufgabe übernehmen die Eltern, ein Verwandter oder guter Freund. Sie sitzen neben dem Brautpaar und notieren. Vor und nach dem Abendessen wird wieder getanzt.

Spätestens um Mitternacht erfolgt die „Kranzabnahme" und die Hochzeit endet. Jetzt wird den Gästen aus der Stube hinausgespielt oder man begleitet das Brautpaar mit Musik und Gesang nachhause. Gesungen werden meist geistliche Lieder. In den evangelischen Albdörfern die Choräle „Auf Gott und nicht auf meinen Rat" und „So nimm denn meine Hände". Dem Zug wird eine Stalllaterne voran getragen. Am Morgen nach der Hochzeit geht das junge Ehepaar in katholischen Orten zur Messe. In evangelischen Dörfern wird die Mittwochsbetstunde besucht.

Niemals bleibt der Hof unbeaufsichtigt. Feiert man im Wirtshaus oder geht ein Ehepaar auf eine Hochzeit, so verpflichtet man das Gesinde oder die Nachbarn, auf den Hof aufzupassen und das Vieh zu füttern. Spätestens in der Früh sind deshalb die Gäste wieder zurück.

„Neigungsehe" versus „Versorgungsehe"

Es kann nicht überraschen, dass das Gemälde von Johann Baptist Pflug im Jahr 1840 entstand.[4] Seit dem Ende des 18. Jahrhunderts bildet sich in bürgerlichen und städtischen Schichten eine neue Auffassung darüber heraus, was die Grundlage der Ehe sein soll. In der Folge beginnt auch im bäuerlichen Bereich das Verständnis der romantischen Ehe auf fruchtbaren Boden zu fallen. Zwar deutet es uns der Künstler lediglich in der Körpersprache und der Kleidung der Beteiligten an, doch ist offensichtlich, dass in seinem Gemälde neben den beiden Generationen auch zwei unterschiedliche Einstellungen aufeinander treffen. Während die Eltern auf das Gewicht der Äcker und der gefüllten Truhen setzen, bewegt das junge Paar der Mut des Herzens. Wo das junge Paar an seine Zuneigung als Basis der Ehe glaubt, setzen die Eltern auf die Wirkung gesicherter materieller Verhältnisse. Die „Gefühlsgemeinschaft" tritt in Opposition zum jahrhundertealten Konzept der „Wirtschaftsgemeinschaft".

[1] Josef Mooser: „Familie, Heirat und Berufswahl. Zur Verfassung der ländlichen Gesellschaft im 19. Jahrhundert. In: Heinz Reif (Hg.): Die Familie in der Geschichte. Göttingen, 1982. [2] Atlas der Deutschen Volkskunde. Neue Folge. Matthias Zender (Hrsg.). Erläuterungen Bd.1. Marburg 1959 – 1964, S. 86. [3] Anton Birlinger: Aus Schwaben. Sitten und Rechtsbräuche. Wiesbaden 1874, 2. Band, S. 244.
[4] Eine erste Fassung, die im Format etwas kleiner ist, entsteht 1838 (siehe Abb. S. 143)

„Wer zuerst nach der Kopulation aufsteht, ist Herr im Haus." (Hauertz, Oberamt Leutkirch)

Wilhelm Robert Heck (1831 – 1889)
Betzinger Paar in Spinnstube, 1868
Öl auf Leinwand, 58 x 30 cm
Heimatmuseum Reutlingen

„A Hauzich und a Bahr dauret koane sieba Johr." (Dietershofen, Oberamt Hohenzollern)

ABC des Heiratens
Zu den Quellen

Dagmar Bayer
Uwe Degreif

Im Herbst 1899 versendet die „Württembergische Vereinigung für Volkskunde" in Verbindung mit dem „Königlichen Statistischen Landesamt" in Stuttgart umfangreiche Fragebögen. Adressaten sind die Volksschullehrer des Königreichs Württemberg, die jährlich einen so genannten Konferenzaufsatz verfassen sollen. Gefragt wird nach dem volkstümlichen Brauchtum: nach Bräuchen um Geburt, Festtage, Tod und bei der landwirtschaftlichen Arbeit. Von Interesse sind Überlieferungen in Fragen des Glaubens und der Sagen, der Volksheilkunde, der Nahrung und Kleidung usw. Die Mitarbeit ist freiwillig, an die 600 Berichte werden aus den ca. 1900 angeschriebenen Gemeinden zurückgesandt. Diese Berichte reichen von knappen Antworten bis zu über hundertseitigen lokalen Studien.[1] Sie werden von Wissenschaftlern unter Leitung von Karl Bohnenberger (Tübingen) ausgewertet und bilden die Grundlage für mehrere Publikationen.

Der Fragebogen interessiert sich auch für das Liebes- und Eheleben im Land und speziell für das Hochzeitsbrauchtum. Zur Unterstützung dienen den Lehrern die Stichworte „Werbung, Aussteuer, Aussteuerwagen, Wochentag und Jahreszeit der Hochzeit, Einholen der Braut, Aberglaube beim Kirchgang, Hochzeitsessen, Geschenke, Neckereien, Bräuche am Abend, am nächsten Morgen, erster Besuch der Eltern".

Die Auswertung zum Bereich des Hochzeitsbrauchtums liegt bei Dr. Heinrich Höhn, Pfarrer in Onolzheim (Oberamt Schwäbisch Hall). Höhn fasst die Informationen in zwei umfangreichen Aufsätzen zusammen.[2] Sie bilden eine einzigartige Sammlung württembergischen Hochzeitsbrauchtums und dokumentieren die Sicht der Jahrhundertwende im Königreich. Die dem „ABC des Heiratens" zugrunde liegende Fokussierung auf Oberschwaben und die Schwäbische Alb machte eine erneute Durchsicht der Aufsätze erforderlich. Dagmar Bayer hat sie in der Landesstelle für Volkskunde Stuttgart vorgenommen. Sofern als Quelle „Konferenzaufsatz" angegeben ist, bezieht sich der Hinweis auf diese Durchsicht. Sie erbrachte auch die Zitate in der Spruchleiste. In seiner Auswertung gibt Heinrich Höhn nur gelegentlich an, ob sich das

„In der ersten Nacht legt die Braut das neue Gebetbuch unter's Kopfkissen." (Sontheim, Oberamt Münsingen)

Brauchtum auf eine katholisch oder eine evangelisch geprägte Gemeinde bezieht. Auch der Vergleich zwischen Stadt und Land wird von ihm nur ab und an gezogen. Die meisten Antworten erreichen ihn aus Landgemeinden und beziehen sich eindeutig auf das dörflich-bäuerliche Heiratswesen. Wie nicht anders zu erwarten, verteilen sich die Ausführungen nicht zu gleichen Teilen auf Braut und Bräutigam. Der Bezug auf die „Hochzeiterin" ist eindeutig stärker.

Eine weitere Quelle bilden die Anthologien von Anton Birlinger, der einige Jahrzehnte vor Höhn viel Wissenswertes zusammengetragen und erzählerisch aufbereitet hat.[3]

[1] Gerhard Prinz: Ein volkskundliches Großprojekt um 1900: Die württembergischen Konferenzaufsätze. Landesstelle für Volkskunde Stuttgart, 2008. Unveröffentliches Manuskript. [2] Dr. Bohnenberger, Karl: Mitteilungen über volkstümliche Überlieferungen in Württemberg. Nr. 5 und 6. Hochzeitsbräuche. Sonderabdruck aus den Württembergischen Jahrbüchern für Statistik und Landeskunde. Stuttgart 1904. Nr. 5, S. 1-31. Nr. 6, S. 1-46. [3] Anton Birlinger: Volksthümliches aus Schwaben. Sitten und Gebräuche. Freiburg 1862. Anton Birlinger: Aus Schwaben. Sitten und Gebräuche. Wiesbaden. 2. Band. 1874.

„Am Abend des Heiratmachens hält man den Festwein." (Spindelwag, Oberamt Leutkirch)

Aberglaube

Mit dem Hochzeitsgeschehen verbinden sich zahlreiche Formen von Aberglauben. Aus Zufällen und Verhaltensweisen glaubt man Vorhersagen über das Gelingen oder Nichtgelingen der Ehe ablesen zu können. So wird darauf geachtet, ob die Braut am Hochzeitstag bleich ist, wessen Strauß welk wird, wessen Hände kälter sind, wer vom Brautpaar sich zuerst in der Kirche umsieht, wer sich am Altar zuerst niederkniet, wessen Kerze zuerst flackert oder erlischt. Dies alles sollen Hinweise darauf sein, welcher der beiden „Hochzeiter" zuerst stirbt. Wer von ihnen nach vollzogener Einsegnung sich zuerst vom Betschemel erhebt, der wird, so die Vorstellung, die Herrschaft im Haus übernehmen. Ebenso, wer bei der Vermählung die Hand oben behält.

In enger Beziehung zum erhofften Eheglück sollen die Tränen stehen, die eine Braut am Hochzeitstag oder bereits davor vergießt. Wenn die Braut weint, so gilt dies als ein günstiges Vorzeichen: „Eine traurige Braut gibt eine lustige Frau." Eine glückliche Braut hingegen ist kein gutes Zeichen: „Wenn die Braut nicht weint, weint sie in der Ehe." Weint sie nicht, gilt sie in manchen Orten sogar als leichtsinnig. Das Taschentuch, mit dem die Tränen der Vermählung getrocknet werden, bleibt vielerorts ungewaschen und wird als Talisman aufbewahrt.

Immer wieder wird hervorgehoben, wie wichtig es sei, dass das Brautpaar am Traualtar eng beieinander stehe. Sie sollen sich sogar an der Schultern berühren, so dass niemand zwischen ihnen hindurch sehen kann. So soll verhindert werden, dass ein Fremder zwischen sie kommt, aber auch, dass ein böser Geist oder gar der Teufel zwischen sie fährt und das eheliche Glück stört (Laichingen, Oberamt Münsingen). Aus diesem Grund stellen sich der Brautführer und die Brautjungfer an ihre Stelle, wenn das Brautpaar an den Altar tritt. Dies soll verhindern, dass Hexen, böse Geister oder der Teufel ihre Sitze einnehmen und der Bräutigam oder die Braut bald sterben müssen. Auch unter den Hochzeitsgästen sollen die Reihen geschlossen bleiben, damit kein Unheil über das Brautpaar kommt.

Als Trautage werden die „Unglückstage" vermieden – 1. April (Geburtstag von Judas Ischariot), 1. August (der Teufel ist vom Himmel gefallen), 1. Dezember (Untergang von Sodom und Gomorrha). Fast überall wird darauf geachtet, dass die Hochzeit bei zunehmendem Mond stattfindet, denn dann soll das Vermögen des Paares zunehmen.
Quelle: Höhn

Louis Braun (1821 – 1884)
Hochzeitsorakel, um 1870
Stahlstich, 22 x 31 cm
Heimatmuseum Reutlingen

(Hauertz, Oberamt Leutkirch)

Abholen der Braut

Es ist Sitte, dass die Braut an ihrem Heimatort von ihrem Bräutigam mit Gefolge zur Kirche abgeholt wird. Dies erfolgt teils zu Wagen, teils zu Pferd, teils zu Fuß. Alle Beteiligten kleiden sich festlich, viele schmücken sich mit einem Band oder einem kleinen Strauß.
Quelle: Konferenzaufsatz

Am Tag danach

Am Morgen nach der Hochzeit geht das junge Ehepaar in katholischen Orten zur Messe. In evangelischen Dörfern wird, da die Hochzeit meist an einem Dienstag stattfindet, gerne die Mittwochsbetstunde besucht. Im gesamten Oberland findet die „Nachhochzeit" im Wirtshaus statt. Dabei erscheinen neben dem frisch getrauten Ehepaar die allernächsten Verwandten und das Brautführerpaar. Man isst gemeinsam und stößt auf das Brautpaar an. Bei dieser Gelegenheit wird die „Hochzeitszeche" bezahlt und es wird mit den Musikanten abgerechnet. Auch den Kranken wird etwas übersandt. Mancherorts findet die Abrechnung erst einige Tage oder am Sonntagnachmittag nach der Hochzeit statt. Wenn sich die Hochzeit jährt, trifft sich das Paar nach dem Gottesdienst mit den Nächsten (Geschwister, Verwandte) zu einem kleinen Schmaus.

„Am andern Morgen geht das Paar zur Kirche und bezahlt nachher Pfarrer, Mesner und Kirchenchor."
(Renhardsweiler, Oberamt Saulgau)
Quellen: Höhn, Konferenzaufsatz

Johann Baptist Pflug (1785 – 1866)
Abholen der Braut, um 1830
Öl auf Leinwand, 26,5 x 36 cm, Privatbesitz

„*Der bäuerliche Hof ist gewöhnlich die Braut, um welche getanzt wird.*"

Aussteuer

Mit der Heirat wird in der Regel ein neuer Hausstand gegründet und muss ein Teil der Möbel und Haushaltsgegenstände gemeinsam angeschafft werden. Nach einem späteren Verständnis ist die Aussteuer etwas, das vor allem die Frau in die Ehe einbringt. Fast für das ganze 19. Jahrhundert ist hingegen das Beibringen der Ausstattung auf Braut und Bräutigam aufgeteilt, wobei der Anteil der Braut etwas größer ausfällt, insbesondere beim „Weißzeug" – Leinen, Bettwäsche, Tischdecken, Nachthemden, Babykleidung. Dieses ist vielfach von Hand gearbeitet und verziert. Meist findet sich auf ihm das Monogramm der Braut oder der Eheleute. Das Weißzeug findet in der Truhe und im Schrank Aufbewahrung. Vielfach beginnen Mädchen schon Jahre vor ihrer Hochzeit damit, diesen Teil der Aussteuer anzufertigen. Das Anfertigen gilt als Ausweis ihrer Tugend. Mit der Aussteuer zeigt die Braut, was sie hat, und demonstriert ihren Anspruch auf soziale Wertschätzung.

Häufig liegen zwischen dem Verspruch und der Hochzeit nur wenige Wochen. Deshalb müssen Schreiner, Sattler, Näherinnen und andere Handwerker unter Hochdruck arbeiten. Ab der Mitte des 19. Jahrhunderts wird ein Teil der Aussteuer käuflich erworben, später bei Versandgeschäften bestellt. Mit der Brautausstattung entsteht ein neuer Geschäftszweig. In die Auswahl der Aussteuer wird die Brautmutter einbezogen.

Die Aussteuer wird unter den Familienmitgliedern als Vermögensteil berechnet. Was die Töchter an Aussteuer bekommen, wird den Söhnen, sofern vorhanden, in Form von Güterstücken entschädigt. Was die Eltern nicht mitgeben können oder wollen, muss erarbeitet und erspart, notfalls mit Darlehen finanziert werden. Das mitgebrachte Heiratsgut bleibt Eigentum der Frau, es ist allerdings der Verwaltung und Nutznießung des Mannes unterworfen. Bei seinem Tod zählt es nicht zur teilbaren Erbmasse. 1828 hebt Württemberg die seit alters her festgeschriebene „Geschlechtsvormundschaft", die Frauen zivilrechtlich eine nur eingeschränkte Rechtsfähigkeit zugesteht, teilweise auf.
Quellen: Adam, Höhn, Konferenzaufsatz, Unseld

„Die Weibsleute gehen nach dem Rindfleisch ins Haus und mustern teilweise recht unverschämt die Aussteuer,

Johann Baptist Pflug (1785 – 1866)
Beim Anfertigen der Aussteuer, 1828
Öl auf Leinwand, 22 x 21 cm
Museum Biberach

„Viehbestand u.s.w." (Pfrungen, Oberamt Saulgau)

Aussteuerwagen

Meist am Tag vor der Hochzeit wird die Aussteuer unter den Augen der (Dorf-) Öffentlichkeit „nach Auswärts" in das neue Heim, meist das Elternhaus des Bräutigams, gefahren. Der Wagen ist festlich geschmückt und wird unterwegs gerne aufgehalten. Auf dem Wagen befinden sich das neue Ehebett, Matratzen, Zudecken, Schrank, Truhe, Stühle, Spinnrad. Als Aussteuerwagen diente ein Leiter- oder Pferdewagen. Er wird meist vom Brautführer geführt. Daneben sitzt der Schreiner, der die Möbel fertigte. Dieser besorgt das Aufladen gemeinsam mit den Brautführern und Brautjungfern. Braut und Bräutigam rühren nichts an. Die Brautbetten sind „aufgemacht", d.h. aufgeschlagen und vollständig zugerichtet. Es werden die schönsten Überzüge, blaue oder rote Ziechen, welche besonders gut gewoben sind, benützt. In die Betten wird ein Gesang- oder Gebetbuch gelegt, in katholischen Orten ein Einsiedlerkindlein (aus dem schweizerischen Wallfahrtsort Maria Einsiedeln) oder sonst ein geweihter Gegenstand hineingesteckt oder eingenäht. Obenauf prangen eine Wiege und ein Spinnrad mit Rocken, meist mit Werk aus bestem Flachs, der mit flatternden Seidenbändern befestigt ist. Da und dort ist der Brautwagen mit „Maien", d.h. vier Tannenbäumchen mit flatternden farbigen Papierbändeln, geziert. Brautführer und Brautjungfern sind festlich gekleidet, ebenso der Fuhrmann. Dieser trägt einen Strauß am Hut oder Revers. Als Lohn erhält er ein Hemd, gewöhnlich ein weißes, welches er an das Geschirr des hinteren Gauls hängt. Auch an der Peitsche sind Schleifen und Bänder befestigt.

Vor der Abfahrt des Aussteuerwagens findet ein Abschiedsmahl statt. Mancherorts herrscht der Glaube, dass der Wagen vor 12 Uhr abfahren soll, andernorts nicht vor 12 Uhr. Je reicher das Brautpaar ist, umso mehr Wagen begleiten den Aussteuerwagen. Die Ankunft lockt überall viele Zuschauer herbei, besonders Frauen, welche die Aussteuer bewundern oder kritisch beäugen.

Da die meisten Heiraten innerhalb des Ortes stattfinden, entfällt die Brautfuhre. Dafür tragen die „Kameraden" und „Kamerädinnen" die Aussteuer im festlich formierten Zug von einem bis zum anderen Haus.
Auf der Schwäbischen Alb, speziell im Raum Münsingen (Justingen, Magoldsheim), steht oben auf dem Brautwagen eine Kunkel; sie ist aber nicht im Werg angelegt, sondern mit allen möglichen Hochzeitsgeschenken behangen: Kessel, Kupfergeschirr, Waschbecken, meistens Eisen- und Blechgeräte.
Quellen: Adam, Birlinger, Bischoff-Luithle, Höhn, Konferenzaufsatz, Unseld

„Ihr send ei'glade de nächste Die'stig zur Morgensupp und Hoazich im Adler."

Johann Baptist Pflug (1785 – 1866)
Die Heimführung der Braut, um 1830
kolorierte Radierung, 22 x 25,5 cm
Museum Biberach

„*Vergesset's et und kommet au en d'Kirch.*"

Benediktion (siehe Einsegnen)

Beschau

Die „Beschau" ist am Sonntag üblich. Sie gilt meist dem Hof, auf den geheiratet wird, und ist in der Regel der Gegenbesuch der Braut mit ihren Eltern und Brüdern. Die Beschau, auch „Brautschau" genannt, entscheidet darüber, ob man sich verloben will oder nicht. Zwischen Beschau und Heiratstag bleibt noch Zeit zum Absagen. Besichtigt werden Haus, Stall und Scheune, aber auch die Felder, die Wiesen, und, sofern vorhanden, der Wald. Danach geht's in die Kammer und es werden Kasten, Schrank und andere Aufbewahrungsorte geöffnet. Teilweise wird schon an diesem Tag zwischen den Eltern über das Heiratsgut, den Preis des Hofes, den Ausding der Alten usw. verhandelt. Kommt man überein, wird der Heiratstag (der „Verspruch") ausgemacht. Nicht immer geht es ganz ehrlich zu. Natürlich werden Haus und Stall herausgeputzt und schön hergerichtet; gelegentlich wird aber fremdes Vieh und entlehnte Frucht als Eigentum vorgezeigt.
Quelle: Konferenzaufsatz

Brautexamen

In katholischen Gegenden legen die Brautleute im Pfarrhaus das „Brautexamen" ab. Sie „halten Feste", auch „Stuhlfeste" genannt. Der Pfarrer nimmt ihnen dabei das Eheversprechen ab. Er „gibt sie zusammen" und nimmt eine Prüfung über religiöse Fragen vor. Teilweise sind Zeugen anwesend. Der Pfarrer wird die Vereinbarung am Sonntag von der Kanzel verkünden. Fortan gilt das Paar als versprochen; mancherorts zeigen sich die Brautleute von da an in dunkler Kleidung (Oberamt Wangen). Ansonsten ist der Heiratstag der Tag der Entscheidung. Nun gibt es in der Regel kein zurück mehr. Das Brautexamen hat sich aus der für die kirchliche Verkündigung notwendigen Anmeldung beim verkündenden Geistlichen entwickelt. Dieser soll feststellen, ob sich der Verlobung keine kirchlichen und rechtlichen Verhältnisse entgegenstellen. Der Pfarrer überzeugt sich, dass das Brautpaar ausreichend religiöse Kenntnisse besitzt und seine Pflichten im Ehestand kennt, weil die Eheschließung mit der Kommunionfeier und Beichte verbunden wird. Dem Pfarrer ist auch die heikle Aufgabe übertragen, die Braut auf Ehre und Gewissen zu fragen, ob sie noch Jungfrau ist und berechtigt ist, in bräutlicher Tracht und dem „Schappel" (Hochzeitskrone) vor den Altar zu treten. Das Brautexamen findet sich mancherorts auch in evangelischen Kirchengemeinden.
Quellen: Bächtold, Höhn, Konferenzaufsatz

„Es beginnt mit Brätknöpfle oder Nudelsupp, worauf ein saures Voressen folgt." (Mooshausen, OA Leutkirch)

Unbekannter Künstler
Das Brautexamen, um 1830
Öl auf Leinwand, 75 x 58,5 cm
Ulmer Museum

„Auch die ärmste Braut hat 2 aufgemachte Bettladen." (Upflamör, Oberamt Riedlingen)

Braut-, Bräutigamgeschenke

Die Braut erhält vom Bräutigam die Hochzeitsschuhe und Hochzeitsstrümpfe, dazu den Unterrock und das Gesangbuch geschenkt. In katholischen Orten zusätzlich einen Rosenkranz mit Wachsstock oder ein Gebetbuch. Der Bräutigam bekommt von der Braut ein Hemd mit Kragen, eine Weste und ein Taschentuch; später kommt eine Krawatte hinzu. Das Hemd soll von der Braut selbst verfertigt sein.
Quellen: Birlinger, Höhn

Brautführer / Brautführerin

Für diese wichtige Aufgabe während der Hochzeit finden sich zahlreiche Namen, sie weisen auf die große Verbreitung hin. Der Brautführer wird als „Geselle", „Ehrengeselle", „Hochzeitsknecht" oder „Nächster" bezeichnet, die Brautführerin als „Brautjungfer", „Gespiel", „Ehrengespiel", „Hochzeitsmagd" oder „Nächste". Die Zahl der Brautführerpaare schwankt zwischen ein und sechs. Je reicher das Brautpaar ist, umso mehr Brautführerpaare sind es. Ärmere Brautpaare nehmen wegen der Kosten beim anschließenden Mahl oft nur ein Paar. Zu Brautführer und Brautjungfer werden gewöhnlich nahestehende unverheiratete Verwandte des Brautpaares bestimmt, wenn irgend möglich Bruder und Schwester. Später werden Personen mit dieser Funktion betraut, die für die Brautleute eine emotionale Wichtigkeit haben.

Neben den Brautführern/innen treten im Verlauf einer Hochzeit teilweise noch zwei besondere Zeugen hervor, der „Hochzeitsmann", „Ehrbarmann oder „Ehrenvater", gewöhnlich der Taufpate des Hochzeiters. Dieser führt den Bräutigam zum Traualter. Das „Ehrbarweib", die „Ehrbarfrau", die „Ehrenmutter", „Schlottermutter" (Ringenweiler, Oberamt Ravensburg), „Schlampmutter" (Erbach-Ehingen), „Schlamperin" (Mooshausen, Oberamt Leutkirch) begleitet die Braut zum Altar. Gelegentlich werden die Brautführerpaare von der Verwandtschaft im Hinblick auf eine mögliche spätere Heirat zusammengestellt. Es finden Überlegungen statt, wer mit wem „in die Kirch führen" könnte. Hat ein lediger Mann schon eine „Bekanntschaft", dann wäre es fast so etwas wie Untreue, wenn er ein anderes Brautfräulein bekäme und umgekehrt. Vielerorts übernehmen die Brautführer während der Hochzeitsfeier die Funktion des Hochzeitsladers und des Zeremonienmeisters.
Quellen: Höhn, Konferenzaufsatz

Johann Sperl (1840 – 1914)
Hochzeitszug auf der Schwäbischen Alb, um 1875
Stahlstich, 21 x 30,5 cm
Kreiskultur- und Archivamt Tuttlingen

(Spindelwag, Oberamt Leutkirch)

Brautkranz

Früher setzte sich die Braut am Hochzeitstag eine Brautkrone (den „Schappel") auf, der von einem Brautkranz abgelöst wird. Mit beiden unterstreicht sie ihre geschlechtliche Integrität, denn nur der Jungfrau steht das „Brautkränzle" zu. Meist ist dieses aus Myrtenzweigen geflochten. Später wird es künstlich gefertigt. Auch der Bräutigam trägt ein echtes oder künstliches Myrtensträußchen. Er steckt es sich an die linke Seite des Rocks, gelegentlich an den Rock und an den Hut.

Mit einem Abgesang auf das Ledigsein wird der Braut um Mitternacht das Kränzle abgenommen. Die „Kranzabnahme" ist ein feierlicher Akt. Von nun gilt sie als „(Ehe-)Weib" und kommt unter die Haube. Vielfach wird der Brautkranz getrocknet und als Erinnerungsstück in einem „Vitrinenrahmen" aufbewahrt. Die Brautkrone hingegen wird weitervererbt. Brautkranz und Brautkrone sind nicht konfessionell gebunden.

Quellen: Höhn, Konferenzaufsatz

Brautkrone (siehe Schappel)

Brautkuh

In der ersten Hälfte des 19. Jahrhunderts ist es Brauch, dass die Braut eine Brautkuh oder ein Kälble erhält. Als Gegenstück dazu bekommt der Bräutigam manchmal ein Fohlen oder ein Pferd. Die Brautkuh wird hinter dem Aussteuerwagen geführt, um den Hals bindet man einen Kranz und eine Glocke. Angeblich darf sie nicht verkauft werden, sonst muss die Frau bald sterben.

Quellen: Höhn, Konferenzaufsatz

„Die Brautkuh trägt eine schöne Glocke und ihre Hörner sind mit einem Kranze umwunden." (Spindelwag, Oberamt Leutkirch)

Stickbild, um 1840
Garn auf Papier, 15 x 9 cm
Oberschwäbische
Barockgalerie Ochsenhausen

„Am Tage vor der Hochzeit ist der sogenannte Wandertag." (Feldstetten, Oberamt Münsingen)

Brautstrauß

Der Brautstrauß gehört zum festen Bestandteil einer Brautausstattung. Er wird der Braut am Hochzeitsmorgen vom Bräutigam übergeben und enthält die Blumen der Saison. Beim Gang zum Altar hält sie ihn in der rechten Hand und schreitet am Arm ihres Vaters in die Kirche. Beim Hochzeitstanz halten Braut und Bräutigam den Strauß gemeinsam. Zum Abschluss der Hochzeitsfeier wirft die Braut ihn über den Rücken in die Gruppe der ledigen Frauen. Diejenige, die ihn auffängt, soll die nächste Braut werden.

Ehebruch

„Die Ehegattin des hiesigen Konditors Just Friedrich Weber, Anna Barbara geb. Weixler, hatte schon seit etlichen Jahren einen, zu Jedermanns Ärgernis gereichenden ehebrecherischen Umgang gepflogen mit dem ledigen Handelsmann Johann Joseph Schmidt, – Sohn des rühmlich genannten Lederhändlers Schmidt – eine völlige Abart von seinem guten Vater. Dadurch sah sich Weber bereits vor einem Jahr genötigt, seine treulose Ehegattin aus seinem Haus zu entfernen, gerichtliche Klage gegen sie zu führen und auf totale endliche Ehescheidung zu dringen (...). Schmidt und Weberin haben indessen ihren schändlichen ärgerlichen Lebenswandel unaufhörlich, trotzig und hartnäckig fortgeführt – bis zum 5. April (1820), Mittwoch nach Ostern, an welchem Tage sich Schmidt heimlich von hier entfernt und, wie man allgemein glaubte, sich in die weite Welt begeben hat, aus Furcht vor der verwickelten Strafe und aus sich offenbarender bedeutender Vermögens-Insolvenz. Der gegen ihn gerichtete Steckbrief ist vom 20. April (1820).

Nach einigem planlosen Umherirren hat sich aber Schmidt zu Jedermanns Erstaunen über seine Feigherzigkeit wieder eingefunden am Mittwoch 24. Mai – sich dem königlichen Oberamtsgericht gestellt und ist nun mit Arrest belegt worden. Sein weiteres Schicksal hängt ab von der Untersuchung seines Vermögens und Schuldenstandes, so wie auch seine durch den Ehebruch verwirkte Strafe nicht ausbleiben wird (...). Durch Verfügung wurde die Webersche Ehegattin zu einer Gefängnisstrafe von 10 Wochen in loco condemnirt (am Ort verurteilt), die sie auch wirklich ausgestanden, wegen erwiesenem Ehebruch."
Georg Daniel Beisel, Pfarrer zu Leutkirch, in: „Kirchenchronik der evangelischen Kirche in Leutkirch", Band II (1817-1820).

„Bei der „Abrechnung" im Gasthaus ist es Sitte, daß der Wirt seine Gäste frei hält." (Dietershofen)

Stickbild, um 1800
Garn auf Papier, 12 x 7,5 cm
Oberschwäbische
Barockgalerie Ochsenhausen

51 „*Hochzeitregen macht reich.*" (*Berkheim, OA Leutkirch; Boms, OA Saulgau*)

Eheringe (siehe Trauringe)

Ehren

Bei vielen Hochzeiten sitzt der Bräutigam nicht bei der Braut, sondern an der unteren Seite des „Ehrentischs". Die Braut sitzt oben an der Ecke im „Tischwinkel". Sie sitzt dort mit Anstand und Züchtigkeit. Davon leitet sich die Redensart ab „Du sitzsch im Tischwink'l wie d' Braut", wenn eine recht bescheiden oder halb erschrocken dasitzt. Mit am Tisch sitzen die geladenen Gäste aus der Verwandtschaft und der Nachbarschaft. Sie haben Hochzeitssträußchen angesteckt. Die verheirateten Gäste bekommen rote, die Ledigen weiße Sträußchen. Andernorts sitzt das Brautpaar oben an der Tafel, neben der Braut nehmen die zwei Brautführer Platz. Diese bedienen sie während des Essens. Wenn der Pfarrer am Nachmittag kommt, hat er die Ehre, oben am Ehrentisch zur Rechten der Braut zu sitzen.

Während der Hochzeitsfeier hält sich das Brautpaar in der Nähe der Haustüre auf, um die Ankommenden zu empfangen und zu begrüßen. Sie reichen den Kommenden und Gehenden die Hand und nehmen die stereotypen kurzen Gratulationsworte mit einem kräftigen Händedruck entgegen. Abends nach dem Stall gibt das Dorf dem Brautpaar die „Ehre", d.h., man schenkt per Handschlag und zahlt seine Zeche selbst.

„Nicht angenehm für das Brautpaar ist die Sitte, dass die Brautleute den ganzen Nachmittag des Hochzeitstages sämtliche ankommenden Gäste an der Haustüre des Gasthauses empfangen müssen." (Andelfingen, Oberamt Riedlingen)
Quellen: Birlinger, Bischoff-Luithlen, Konferenzaufsatz

Hugo Kauffmann (1844 – 1915), Das Ehren, um 1880
Stahlstich
Privatbesitz

„Es regnet der Braut Glück und Kinder."

„ehrliche" und „unehrliche" Braut

Eine Frau, die ihre Unschuld verloren oder unehelich ein Kind geboren hat, gilt als „unehrliche", als „gefallene" oder als „falsche" Braut. Ihr werden die Insignien der rechten Braut verweigert. Bei der Hochzeit trägt sie keinen Schleier, sie wählt kleinere Blumen oder tritt lediglich mit einem dünnen Kränzchen an den Altar. Mancherorts setzt sie es sich erst nach der Trauung auf. Witwer und Witwen, die sich wiederverheiraten, tragen gar keinen Schmuck. Es heißt, „gefallene" Bräute hätten nur eine „Laternenhochzeit" am Freitagmorgen in der Früh erhalten.

„Kranz und Schleier dürfen die Braut und ihre Begleiterin nur tragen, wenn sie sich ihre Jungfrauschaft bewahrt haben." (Upflamör, Oberamt Riedlingen)
Quellen: Höhn, Konferenzaufsatz, Unseld

Einladen zur Hochzeit

Das Hochzeitsladen ist ein Ehrenrecht. Außer den Brautleuten sind besonders Brautführer und Brautjungfern oder die nächsten ledigen Verwandten dazu auserlesen. Auf den/die Hochzeitslader/in kommen viele Aufgaben zu: Sie legen gemeinsam mit dem Brautpaar den Ort, den Ablauf und den finanziellen Rahmen der Feier fest. Vielerorts sind sie für den reibungslosen Ablauf zuständig und übernehmen das Amt eines Zeremonienmeisters.

Steht der Hochzeitstag fest, gehen sie bzw. geht er/sie von Haus zu Haus und hinaus auf die Felder. Dabei tragen sie einen Stock, der mit bunten Bändern geschmückt ist, oder einen Regenschirm. Mancherorts ist der Hochzeitlader „aufgestraußt", d.h. mit einem künstlichen Blumenstrauß geschmückt, den er am Hut oder am Rock befestigt hat. Die Gäste werden mit einem Spruch zur Hochzeit eingeladen. Oft beginnt dieser mit einem Gruß vom Brautpaar. „Ihr send ei'glade de nächste Die'stig zur Morgensupp und Hoazich im Adler." Die Braut fügt hinzu: „Vergesset's et und kommet au en d'Kirch".

„Bei der Wahl einer Lebensgefährtin spielt das Vermögen die Hauptrolle." (Mooshausen, Oberamt Leutkirch)

Hochzeitslader in Esenhausen, ca. 1925
Fotografie, 14 x 9 cm
Stadtarchiv Ravensburg

„An die Kunkel gibt man am letzten Sonntag vor der Hochzeit." (Laichingen, Oberamt Münsingen)

"Ich gehe heut von Haus zu Haus
Mit einem schmucken Hochzeitsstrauß,
Und lade alle, groß und klein,
Zur nächsten Hochzeitsfeier ein."
(Spindelwag, Oberamt Leutkirch)

„Guten Abend, bin i do,
Was i will, des wisst ihr jo,
D'Gret hot de Michel gnomme,
Ihr sollt au zur Hoazich komme,
Vo dr Kirch ins Hoazichhaus,
Vom Hoazichhaus in Hirsche naus."

„Der tugend- und ehrsame Hochzeiter Jakob und seine tugend- und ehrsame Braut lond Euch zur Hochzeit lade auf Dienstag. Es soll auch jemand zur Morgensupp komme!" (Altshausen, Oberamt Saulgau)

Häufig schließen die Sprüche mit der Versicherung, dass die Brautleute die Teilnahme an ihrer Hochzeit bei einer anderen Gelegenheit „wettmachen" oder „etwas dienen" wollen. Teilweise überbringen die Brautleute beim Laden Geschenke, insbesondere Tücher. Mancherorts zieht der Lader von den Anwesenden das „Mahlgeld" für ihre Teilnahme ein.

In den Häusern, in denen zur Hochzeit geladen wird, werden die Hochzeitslader bewirtet. Das Sprechen und Absingen von Sprüchen ist im Oberschwäbischen eigen. In gewisser Weise steht der Hochzeitslader im Dienste der Obrigkeit, denn er hat den festlichen Aufwand zu kontrollieren, damit keiner über seine Verhältnisse feiert und sich verschuldet. Andererseits ist er oft ein geübter Verse-Sprecher und kann in gewandter Weise den Verlauf der Feier regeln.

„Der Bräutigam begrüßt die Braut unter der Hausthüre und wünscht ihr Glück zum Eintritt."

Albert Kappis (1836 – 1914)
Der Hochzeitslader, 1869
Öl auf Leinwand, 67 x 95 cm
Oberschwäbische Elektrizitätswerke (OEW)

57 *(Laichingen, Oberamt Münsingen)*

In katholischen Regionen scheint kein bestimmter Tag üblich zu sein. Die Einladung erfolgt nach dem „Brautexamen". Im evangelischen Altwürttemberg wird häufig acht Tage vor der Hochzeit eingeladen, ferner an dem Sonntag, an welchem das Brautpaar in der Kirche ausgerufen wird. In manchen Orten richtet sich das Einladen nach dem Hochzeitstag. Ist dieser ein Dienstag, so geschieht die Einladung am Donnerstag; ist er ein Donnerstag, so erfolgt sie am Montag.

Kommen die Braut oder der Bräutigam von außerhalb des Dorfes, so haben in den dortigen Gemeinden der Schulmeister oder der Mesner die Aufgabe, die Gäste einzuladen. Gelegentlich versehen auch der Büttel, der Polizeidiener, der Ausrufer oder der Postbote dieses Geschäft. Seit dem Ende des 19. Jahrhunderts geht man dazu über, gedruckte Hochzeitskarten auszutragen und zu versenden.
Quellen: Adam, Birlinger, Höhn, Konferenzaufsatz

Einsegnen

In katholischen Orten werden nach der Vesper die neue Wohnung, die Aussteuer, die Kleider und insbesondere das Bett vom Pfarrer eingesegnet. In der Saulgauer Gegend geschieht das Einsegnen, die „Benediktion", am Tag vor der Hochzeit. Am selben Abend oder am Sonntag früh wird gebeichtet und die hl. Kommunion empfangen. Vor der Benediktion wird das Haus gereinigt und geschmückt.
Quellen: Birlinger, Höhn

Hochzeits-Feier

von

Fräulein Maria Keppler

mit Herrn

Friedrich Ziegler

Wilhelmsdorf, 8. August 1912.

P. Zittrell z. Gutenberg, Ravensburg.

Druckerei Zittrell
Einladungskarte, 1912
16 x 8 cm
Stadtarchiv Ravensburg

auf Dienstag. Es soll auch jemand zur Morgensupp' komme!" (Altshausen, Oberamt Saulgau)

Einzug der Braut

Vielfach erfolgt der Einzug am Tag vor der Hochzeit. Wo die Hochzeit an einem Dienstag stattfindet, ist es gewöhnlich der Montag. Ist der Hochzeitstag an einem Donnerstag, so ist der Dienstag der Auszugstag („Wandertag"). Gegen Ende des 19. Jahrhunderts wird der Freitag als Einzugstag besonders beliebt. Die Hochzeit wird dann am Samstag gehalten. Bevor die Begrüßungen erfolgen, betritt das Brautpaar gemeinsam das Haus. In Laichingen (Oberamt Münsingen) heißt der Bräutigam die Braut unter der Hautür willkommen und wünscht ihr Glück zu ihrem Eintritt. Dann wird die Aussteuer hineingetragen. Als Erstes wird das Bett abgeladen und aufgebaut. Die junge Braut soll die nächsten drei, vier Wochen keinen Besuch im Elternhaus machen. Sie könnte sich sonst nur schwer eingewöhnen, heißt es. Allerdings sehen die Eltern nach den Neuvermählten.
„Am Mittwoch fliegt kein Vogel aus." (Herbertingen, Oberamt Saulgau).
Quellen: Höhn, Konferenzaufsatz

Ende der Hochzeit

Das Ende der Hochzeit ist ein feierlicher Akt. Gewöhnlich findet es um Mitternacht statt. Vor dem Aufbruch des Brautpaares kommt es zum „Ehrentanz". Diesen letzten Tanz führen Braut und Bräutigam allein aus. In neuerer Zeit geht er in das „Schleierabtanzen" über. Dabei halten Braut und Bräutigam den Strauß gemeinsam in der Hand, bevor die Braut ihn rückwärts in die Gruppe der ledigen Frauen wirft. Nun erfolgt die „Kranzabnahme". Im Anschluss wird dem Brautpaar zum Wirtshaus hinausgespielt. Vielfach wird es mit Musik und Gesang heimbegleitet. Man nennt dies „hoisinga", „hinausblasen" (Laupheim, Saulgau), „hinausmachen" (Blaubeuren), „heimblasen" (Oberholzheim-Laupheim). Dem Zug wird eine Stalllaterne vorangetragen. Gesungen werden meist geistliche Lieder. In den evangelischen Albdörfern sind es die Choräle „Auf Gott und nicht auf meinen Rat" und „So nimm denn meine Hände". Teilweise gehen die Begleiter noch mit ins Haus der Brautleute.
Quellen: Adam, Bischoff-Luithlen, Höhn, Konferenzaufsätze

„Wer von dem Brautpaar mit dem rechten Fuß zuerst in die Kirche tritt, wird Herr im Hause."

Theodor Schüz (1830 – 1900)
Übers Johr, übers Johr, 1871
Öl auf Leinwand, 86 x 68 cm
Oberschwäbische Elektrizitätswerke (OEW)

61 „Die Knaben passen auf die Ankunft der Brautleute, um vorzuspannen." *(Hundersingen, OA Riedlingen)*

Etwas Altes, etwas Neues …

Der Brauch stammt aus Großbritannien und ist in Oberschwaben und auf der Schwäbischen Alb nicht nachweisbar. Danach soll die Braut bei der Hochzeit vier Dinge dabei haben: Etwas Altes, das das Leben vor der Hochzeit symbolisiert. Etwas Neues, das für den zukünftigen Lebensabschnitt steht. Etwas Geliehenes, das den Fortbestand der Freundschaft verkörpert. Etwas Blaues als Symbol für die Treue.
Quelle: Adam

Ferntrauung

Grundsätzlich ist die persönliche und gleichzeitige Anwesenheit beider Eheschließenden vor dem Standesamt erforderlich. Nur ausnahmsweise gestattet das Gesetz eine „Ferntrauung". Sie kann entstehen aus einer erzwungenen räumlichen Trennung durch besondere gesundheitliche oder politische Verhältnisse, durch Seuchen, Epidemien, politische Wirren, Kriege. Sie kann aber auch durch die persönliche Lage begründet sein: durch schwere Krankheit, Freiheitsentzug, Verbannung. In diesem Falle übermittelt einer der beiden durch einen Bevollmächtigten seine Einwilligungserklärung. Die aus dem Holländischen stammende Bezeichnung „Handschuhehe" drückt die im Mittelalter übliche Überreichung des Handschuhs als Zeichen der Botenbeauftragung aus.

Festdauer (siehe Ende der Hochzeit)

Flitterwochen (siehe Hochzeitsreise)

Hermann Volz (1814 – 1894) Musikanten auf dem Heimweg, um 1885
Öl auf Karton, 25 x 33 cm, Museum Biberach

des Brautexamens (Sponsalien) im Pfarrhaus als verlobt betrachtet." (Heudorf, Oberamt Riedlingen)

Geschenke

Während heute die Geschenke verpackt übergeben werden, bleiben sie im 19. Jahrhundert unverpackt. Auf diese Weise können alle sehen, was gegeben wird und wie viel einem das Brautpaar wert ist. Die Geschenke werden während oder nach dem Mittagessen übergeben oder beim Nachhausegehen. Vielfach werden sie an einem Seil oder einer Stange zur allgemeinen Besichtigung aufgehängt. Das Brautpaar und meist auch deren Eltern sind zur Empfangnahme der Hochzeitsgeschenke den ganzen Tag auf den Beinen. Sie stellen sich an der Haustür, im Hausgang oder in der Nähe der Saaltür auf. Andernorts sitzen sie am Hochzeitstisch und verlassen den Platz nur, um sich am Tanz zu beteiligen.

Das Brautpaar erhält Porzellanwaren, Gläser, Service, Messingpfannen, auch Spaten, Holzbeile, Schaufeln, ferner gerahmte Haussegen und ähnliches. Als Neckereien dienen Schlozer, Porzellankindchen, Saugflaschen, kindertragende Störche, kleine Puppen. Von den Brautjungfern erhalten die Brautleute das Kindszeug. Ende des 19. Jahrhunderts werden Geldgeschenke üblich. Dabei geht man im Altwürttembergischen (Schwäbische Alb) früher zu Geldgeschenken über als im Neuwürttembergischen (Oberschwaben). Für die Geldgeschenke wird vor der Braut ein Zinnteller mit Deckel aufgestellt, in welchen das „Schenkegeld" gelegt wird. Das Geld wird anschließend in eine darunter befindliche Schüssel getan. Manchmal wird es in ein Papier gewickelt übergeben. Meist werden die Hochzeitsgeschenke aufgeschrieben, damit man weiß, wem und wie viel man gegebenenfalls „wettmachen" muss. Diese Aufgabe übernehmen die Brautleuten oder deren Eltern, auch ein Verwandter oder guter Freund. Sie sitzen neben dem Brautpaar und notieren.

„Ich will meine Schuldigkeit abstatten." Mit diesen Worten übergibt jeder Gast dem Brautpaar das Geschenk. „Wir wollen sehen, dass wir es auch wieder hereinbringen", gibt das Brautpaar zur Antwort. In Bissingen (Oberamt Ulm) sagt die Braut beim Entgegennehmen: „I(ch) bedank(e) mi(ch), i(ch) will's au(ch) wieder wettmache(n)." Dann wird ein Glas Wein gereicht.

Besonders für die Braut sind die Geschenke von Bedeutung, denn in der Regel gehen Frauen weitgehend mittellos in die Ehe. Die Geschenke bilden für sie ein kleines Vermögen, das in ihrem Eigentum verbleibt, wie auch die Aussteuer.
Quellen: Adam, Höhn, Birlinger, Konferenzaufsatz

Zur Erinnerung an die Hochzeitsfeier, 1881
Wolle auf Stramin, 33 x 38 cm
Museum im Bock, Leutkirch

bewahrt haben." (Upflamör, Oberamt Riedlingen)

Gespielen (siehe Brautführer/Brautführerin)

Goldene Hochzeit (siehe Jubelhochzeit)

Großmuttersegen

„Die Großmutter sitzt in ihrem altväterlichen Armlehnsessel, an den sie ihren Gehstock gelehnt hat. Die Strickarbeit hat sie zur Seite gelegt, die Bibel liegt offen auf ihren Knien; so wendet sie sich dem vor ihr stehenden jungen Paar zu, deren Hände sie in ihrer rechten Hand hält, während sie diese mit ihrer Linken segnet. Es sind liebevolle Worte, welche das Mädchen mit geneigtem Haupt und mit vor Schwermut verschleiertem Blick anhört, als ob sie sich in die schönsten Träume versetzt fühlte, während der Jüngling, der mit respektvoller Aufmerksamkeit den erfahrenen Ratschlägen lauscht, seinen Arm um das schwache Wesen legt, das er bei ihrer gemeinsamen Pilgerreise auf diesem dunklen Lebenspfad beschützen muss. Der Hund, Wächter von Haus und Hof, zeigt mit seiner sanften Liebkosung, dass er sie als die neue Herrin anerkennt, die sein alter Herr mit ins Haus gebracht hat, während die zwei Kätzchen, unberührt von dem Geschehen um sie herum, die Ablenkung der Greisin ausnutzen und sich dem munteren Spiel hingeben, an dem die Großmutter gearbeitet hatte. Auf dem Fensterbrett auf der Seite symbolisiert ein Blumenstock die Jugend und die Schönheiten des Frühlings: daneben hängt an einem Nagel der Kalender, das wahre Buch der Erinnerungen an Ereignisse, welche die Geschichte einer Familie prägen. Im Hintergrund befindet sich eine Wanduhr in dauernder Bewegung. Kalt, gleichmütig und unerbittlich zeigt sie mit ihrem abgemessenen ticktack, dass die Zeit nicht einen Augenblick zur Ruhe kommt. Kann man sich ein schöneres, lieblicheres und rührenderes Bild vorstellen?"
Aus: „Über Land und Meer. Deutsche Illustrierte Zeitung", Stuttgart 1878, Bd. 41, S. 12

Jakob Grünenwald (1821 – 1896), Großmuttersegen, um 1878, Stahlstich, 40 x 29 cm
Museum Biberach

"Hochzeitstages sämtliche ankommenden Gäste an der Haustüre des Gasthauses empfangen müssen."

Handwerkerheirat

Dass ein Bauer eine Bäuerin heiratet, gilt in einer Gesellschaft, die in ihrer Mehrheit ihr Auskommen in der Landwirtschaft findet, als Selbstverständlichkeit. Allerdings gibt es solche standesbezogenen Entscheidungen auch unter Handwerkern. Da die Zünfte die Aufnahme neuer Mitglieder in ein Gewerbe per Reglementierung stark einschränken, sind es vielerorts nur die Söhne und Schwiegersöhne der Meister, die eine Chance erhalten, als Nächste aufgenommen zu werden. Die entscheidende Mitgift einer Schreinertochter kann unter diesen Umständen in einer Werkstatt und der Aussicht auf eine Meisterstelle bestehen. Als Frau kann sie das Handwerk zwar erlernen, darf es aber nicht ausüben und nicht die „Zunftgerechtigkeit" erlangen. Dies macht sie für Gesellen, die Meister werden wollen, in besonderer Weise attraktiv. Es ist vorhersehbar, dass sie nicht außer Haus heiraten wird, und es ist auch unwahrscheinlich, dass sie einem Bäcker- oder Sattlergesellen ihr Ja-Wort gibt.

Wie der bäuerliche Hof soll auch der Handwerksbetrieb in der Familie bleiben und von der nächsten Generation weitergeführt werden. Sehr selten kommt es zu einer Heirat zwischen einem Handwerker und einer Bauerstochter bzw. einem Bauern und einer Handwerkstochter.
Quelle: Unseld

Heimsingen (siehe Ende der Hochzeit)

Heiratsalter

Mit dem Generalreskript von 1807 stellt der württembergische König Friedrich I. erstmals die völlige Freiheit der Eheschließung her und eine einheitliche Rechtsgrundlage für Neu- und Altwürttemberg. Als Einschränkung bleibt das Mindestalter für Frauen bei 23 Jahren, für Männer bei 25 Jahren bestehen. Männer sind mit Vollendung des 18., Frauen des 15. Lebensjahres ehemündig. Allerdings kann eine frühere Heirat nur mit einer besonderen behördlichen Erlaubnis geschlossen werden.

„Die standesamtliche Trauung wird hier am Tag vor der Hochzeit vollzogen." (Treherz, Oberamt Leutkirch)

Septimus Rommel (1778 – 1846)
Braut und Bräutigam vom niederen Handwerkerstand, um 1800
Höhe 14,5 cm, Ton, gefasst
Ulmer Museum

„Die so genannte Hochzeitsmutter heißt Schlottermutter." (Eriskirch, Oberamt Tettnang)

Das „Reichspersonenstandgesetz" von 1876 definiert die Ehemündigkeit bei Männern mit Vollendung des 20. und bei Frauen mit Vollendung des 16. Lebensjahres. Sie bedürfen weiterhin der Einwilligung des Vaters, wenn der Sohn noch nicht das 25., die Tochter noch nicht das 24. Lebensjahr vollendet hat. Mit Inkrafttreten des Bürgerlichen Gesetzbuches (BGB) im Jahr 1900 gilt die Ehemündigkeit des Mannes mit Vollendung des 21. Lebensjahres, der Frau mit Vollendung des 16. Lebensjahres. Die elterliche Einwilligung bleibt bis zur Vollendung des 21. Lebensjahres bestehen.

In den meisten Ehen ist der Mann älter als die Frau, was mehrere Ursachen hat: Meist wartet ein Mann solange, bis sein Einkommen ausreicht, um eine Familie zu gründen. Oder das Erbe ist noch nicht fällig. Hinzu kommt die Militärzeit. Bei manchen schließt sich eine Studien- oder Assessorenzeit an. Schon bei einer mittleren Beamtenlaufbahn dauert es mindestens zehn Jahre, bis eine gesicherte Anstellung erfolgt. Mädchen heiraten zwischen dem 22. und 27. Lebensjahr. Nach dem 30. Lebensjahr gelten sie als älter und finden nur schwer einen Partner, außer, sie sind vermögend. Die Hälfte der Mädchen ist bis zum 25., die große Mehrzahl bis zum 27. Lebensjahr verheiratet.

Der elterliche Betrieb benötigt die Arbeitskräfte aller Kinder. Ohne sie kann ein Hof kaum erweitert werden. Jedoch muss ein Hof bei der Heirat der Kinder so vergrößert sein, dass ein Heiratswilliges mit dem Erbe ausgestattet werden kann und die Alten weiterhin ausreichend zu leben haben. Oder er muss soweit schuldenfrei sein, dass die Rente daraus nach der Übergabe und der Erbzuteilung an die ältesten Kinder noch den Lebensabend der Eltern sichern. Das Heiratsalter ist in Anerbengebieten (Oberschwaben, Allgäu) höher als in Realteilungsgebieten (Schwäbische Alb).

Beim Adel liegt das Alter für Männer über und für Frauen deutlich unter dem Durchschnittsalter der bäuerlichen und bürgerlichen Stände. Dass adlige Frauen jung verheiratet werden, soll die Chance auf eine große Kinderzahl zur Erhaltung des Besitzes erhöhen. Vielfach sind auch politische Motive ausschlaggebend, weshalb Fürstenkinder schon in jungen Jahren einander versprochen werden.
Quellen: Bindlingmaier, Bischoff-Luithlen, Matz

Jakob Grünenwald (1821 – 1896)
Auf dem Heimweg, um 1865
Öl auf Holz
27 x 18 cm
Museum Biberach

"Hause das Regiment führen." (Feldstetten, Oberamt Münsingen)

Heiratsantrag (siehe Heiratsvermittler)

Heiratsbeschränkung

1807 stellt der württembergische König Friedrich I. erstmals die Freiheit der Eheschließung her. Die Verordnung richtet sich gegen die zahlreichen fürstlichen Verehelichungsbeschränkungen insbesondere in Oberschwaben. Allerdings sprechen sich viele Gemeinden gegen die neuen Freiheiten aus, aus Sorge um ihre Armenkassen. Sie wollen verhindern, dass Personen heiraten und Kinder zeugen, die nicht in der Lage sind eine Familie zu ernähren und später der gemeindlichen Armenpflege zur Last fallen. Auch in den Heiraten älterer Frauen und Männer sehen sie ein höheres Risiko. Deren Verehelichungsgesuche werden besonders kritisch geprüft und häufig abgelehnt.

Die Klagen halten über Jahrzehnte an und führen 1833 zu Heiratsverboten für straffällig Gewordene, für Bezieher von Armenunterstützung und von Erwerbsunfähigen. Alle, die heiraten wollen, müssen fortan „einen genügenden Nahrungsstand" nachweisen. 1852 wird dieser konkretisiert: Als Mindestvermögen müssen die Antragssteller 200 Gulden vorweisen. Dies entspricht in etwa dem Jahresgehalt eines Gesellen, viele sehen sich zur Ehelosigkeit verdammt. Die Folge ist eine sprunghafte Zunahme unehelicher Geburten. Erst mit Gründung des Deutschen Reichs 1871 wird diese Art der Heiratsbeschränkung beseitigt. Die Freiteilbarkeit des Bodens (Realteilung) begünstigte im Allgemeinen die Gründung neuer Ehen. Hingegen verdammte das Anerbenrecht die übergangenen Söhne zu langer Ehelosigkeit. Oberschwaben und das Allgäu weisen deshalb einen besonders hohen Anteil „verhinderter Ehen" auf.

Mit Inkrafttreten des „Reichspersonenstandgesetzes" am 1.1.1876 wird die Eheschließung zu einem Zivilakt. Fortan ist nur eine von einem Standesbeamten geschlossene Ehe rechtsgültig. Eine nach den Vorschriften des Kirchenrechts geschlossene Ehe ist gesetzlich nicht wirksam. Bevor eine Ehe geschlossen werden kann, haben die Brautleute öffentlich an Dritte die Aufforderung zu richten, etwaige gesetzliche Hindernisse den Pfarrern bzw. den Zivilbeamten zur Kenntnis zu bringen. Die Eheschließung erfolgt vor dem Personenstandesbeamten am Wohnort eines der Brautleute. Schließen die Verlobten die Ehe nicht innerhalb eines Jahres, muss erneut ein Aufgebot bestellt werden.

„Liebesheiraten kommen wohl nur bei den weniger Bemittelten vor, wo kein Teil etwas zu verlieren hat."

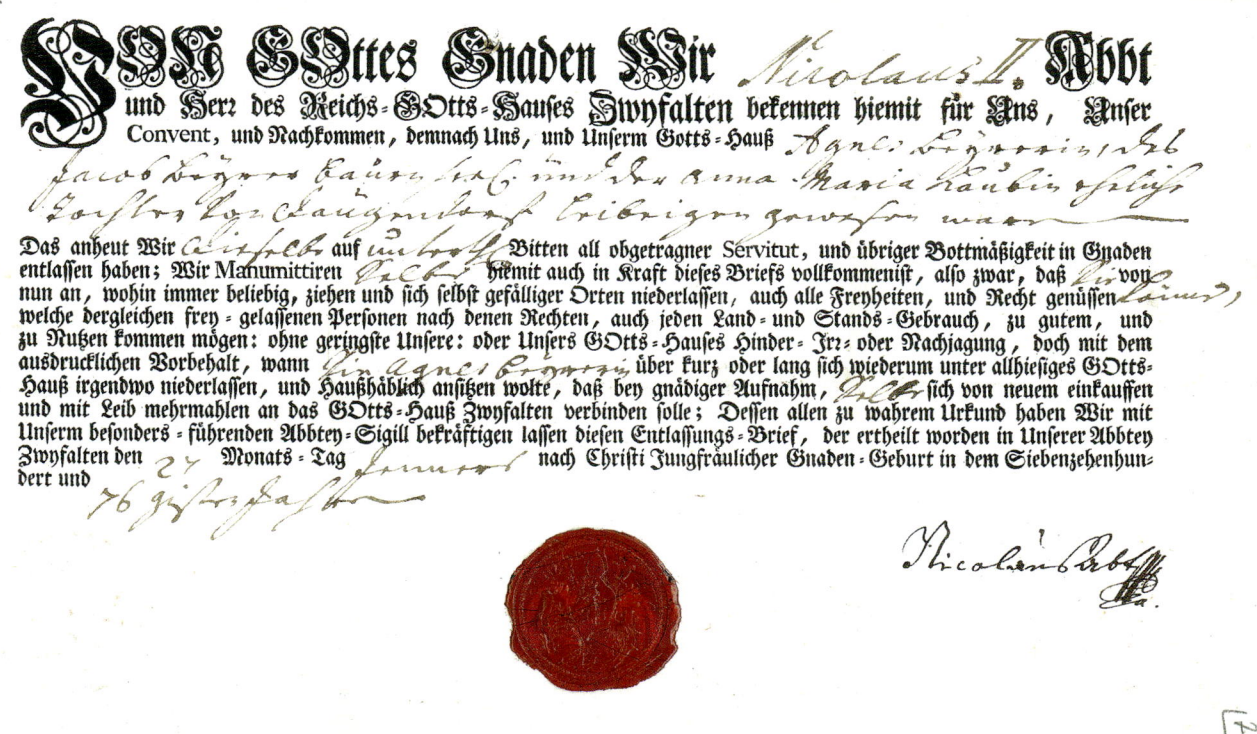

Von Gottes Gnaden Wir *Nicolaus II. Abbt* **und Herr des Reichs-Gotts-Hauses Zwyfalten** bekennen hiemit für Uns, Unser Convent, und Nachkommen, demnach Uns, und Unserm Gotts-Hauß *Agnes Biegerin, des Jacob Biegers Bauers, und der Anna Maria Räubin ehelich Tochter von Laupheim leibeigen gewesen wäre.*

Das anheut Wir *dieselbe* auf *untroth* Bitten all obgetragner Servitut, und übriger Bottmäßigkeit in Gnaden entlassen haben; Wir Manumittiren *selbe* hiemit auch in Kraft dieses Briefs vollkommenist, also zwar, daß *sie* von nun an, wohin immer beliebig, ziehen und sich selbst gefälliger Orten niederlassen, auch alle Freyheiten, und Recht genüssen *kinne,* welche dergleichen frey-gelassenen Personen nach denen Rechten, auch jeden Land- und Stands-Gebrauch, zu gutem, und zu Nutzen kommen mögen: ohne geringste Unsere: oder Unsers GOtts-Hauses Hinder-Irr- oder Nachjagung, doch mit dem ausdrücklichen Vorbehalt, wann *sie Agnes Biegerin* über kurz oder lang sich wiederum unter allhiesiges GOtts-Hauß irgendwo niederlassen, und haußhäblich ansitzen wolte, daß bey gnädiger Aufnahm, *selbe* sich von neuem einkauffen und mit Leib mehrmahlen an das GOtts-Hauß Zwyfalten verbinden solle; Dessen allen zu wahrem Urkund haben Wir mit Unserm besonders-führenden Abbtey-Sigill bekräftigen lassen diesen Entlassungs-Brief, der ertheilt worden in Unserer Abbtey Zwyfalten den *27* Monats-Tag *Januar* nach Christi Jungfräulicher Gnaden-Geburt in dem Siebenzehenhundert und *76 zigsten Jahr.*

Nicolaus Abbt

Urkunde Freilassung aus der Leibeigenschaft zur Eheschließung, 1776
33 x 42 cm
Kirchengemeinde Unlingen

„Dem Glücklichen regnet es ins Grab, dem Unglücklichen in seinen Ehrentag."

Männer bedürfen der Einwilligung des Vaters, solange sie nicht das 25., Töchter das 21. Lebensjahr vollendet haben. Militärpersonen, Landesbeamte und Ausländer brauchen die Erlaubnis der jeweiligen Behörden (Vorgesetzten). Gutsuntertanen haben die Einwilligung ihrer Herrschaft einzuholen. Es gilt das Verbot der Polygamie, das Verbot der Geschwisterehe, ebenso das Verbot der Ehe zwischen Onkel und Nichte oder Tante und Neffe.
Quellen: Große-Boymann, Matz

„Zur selbigen Zeit (1810-1813) machte ich die Bekanntschaft von Matthäus Moll, des Vogelstellers von Hundersingen bei Stadion; er suchte mich in Biberach als Freund der Singvögel auf (...). Regelmäßig erschien anfangs Mai der „Matheis" mit seinem Weib und brachte in Käfigen verschiedene Gattungen der Mückenfänger. Das Heiraten war ihm erschwert worden, da seine Herrschaft – Graf Stadion – die Vogelfängerei nicht als hinreichend gesicherten Nahrungsstand angesehen habe. Damals sei er einem „Landmensch" (einer Bettlerin) nachgestrichen und habe ein Liebesverhältnis mit ihr angeknüpft. (...) Mit mehreren, denen das Heiraten gleichfalls verweigert wurde, entschloss er sich nach Rom zu reisen, um sich dort trauen zu lassen. Die sauberen Pilger verschafften sich die nötigen amtlichen Ausweise, den Taufschein und einen Beleg darüber, dass sie unverheiratet seien, und zogen zu der heiligen Stadt. Dort angekommen wurden sie unentgeltlich in Frauen- bzw. Männerklöstern untergebracht. Nach vollzogener Trauung traten sie sogleich den Rückweg nach Deutschland an."
J.B. Pflug: Aus der Räuber- und Franzosenzeit. Hrsg. von Max Zengerle. Weißenhorn 1966, S. 160–163.

Johann Baptist Pflug (1785 – 1866)
Matheis der Vogelfänger, um 1825
Lithografie, 16,5 x 24,5 cm
Privatbesitz

auswärts heiratet." (Andelfingen, Oberamt Riedlingen)

Heiratshandel (siehe Heiratsvertrag)

Heiratsvermittler

Heute lernen sich die allermeisten Paare selbst kennen. Bis weit ins 19. Jahrhundert ist dies die Minderheit. Da Ehen vorwiegend unter wirtschaftlichen Erwägungen geschlossen werden, gilt es mit der Heirat den Hofbesitz zu halten oder zu vermehren.

Zu diesem Zweck wird auf dem Lande ein Heiratsvermittler, der „Werber", „Kuppler" oder „Schmuser" eingeschaltet. Ihm wird die schwierige Aufgabe des Handels um die Mitgift, die Übernahme des Hofes, das Ausmaß des Altenteils, die Auszahlung an die Geschwister etc. übertragen. Meist fällt dieses Amt einem Verwandten, Freund oder Handelsmann zu, da dieser die Verhältnisse am Ort genau kennt. Die Werbung geht im Normalfall von der Familie des Bräutigams aus.

Wie eine solche Vermittlung vor sich geht, ist bekannt: „Schon bei den Vorbesprechungen ist der Heiratsvermittler zugegen; er schlägt dem jungen Mann ein Mädchen vor, weiß über ihre Vermögensverhältnisse Bescheid und erteilt jeden gewünschten Rat. An einem bestimmten Tag geht er zusammen mit dem Heiratswilligen oder in dessen Auftrag zum Hof der gewünschten Braut und spricht bei deren Eltern vor – häufig unter Vortäuschung einer anderen Angelegenheit. Nicht selten ist der wirkliche Grund seines Kommens den Gastgebern bekannt, sei es, weil der Werber schon öfters solche Aufgaben übernommen hat, sei es, weil sie von anderer Seite über die bevorstehende Werbung unterrichtet wurden. Gewöhnlich deutet schon die Art seines Auftretens auf sein Vorhaben hin. Nach vielen Umschweifen kommt der Mittelsmann auf den wirklichen Zweck seines Besuchs zu sprechen. Der Werber fragt, wie viel Vieh im Stall sei, mit der Deutung, man möchte ihm es auch zeigen. Vom Stalle geht's in die Stube, in die Kammern, in alle Gemächer hinauf bis auf den Fruchtboden unterm Dache, alles wird eingesehen und visitiert. In Stuben, Stubenkammern, Schlafkammern werden Kästen und Behälter aufgeschlossen, das Bettzeug, Weißzeug besehen, die Wandschränke geöffnet. Der Heiratsvermittler lobt seinen Auftraggeber und rühmt dessen Besitz. Er versucht herauszufinden, ob seine Werbung Aussicht auf Erfolg hat, welche Mitgift gewährt wird usw. Schließlich wird seine

„Regnet es während des Kirchgangs oder überhaupt am Hochzeitstag, so bedeutet das Unglück;

unbekannter Künstler (J. Hassler ?)
Der Heiratsantrag, um 1880
Öl auf Leinwand, 47 x 67,5 cm
Stadt Bad Saulgau

Sonnenschein am Hochzeitstag verbürgt eine glückliche Ehe." (Thuningen, Oberamt Tuttlingen)

Werbung – manchmal erst nach mehrfachem Besuch – angenommen oder abgewiesen. Vielerorts besteht ein Zeremoniell für den Besuch des Werbers; je nachdem, mit welchen Worten er in die Stube gebeten wird und welche Speisen ihm vorgesetzt werden, kann er seine Aussicht auf Erfolg der Werbung ablesen. Nach dem Zustandekommen der ersten Verbindungen macht er eine Zusammenkunft zwischen den Elternpaaren aus, vermittelt zwischen den Forderungen auf Mitgift, Altenteil, Auszahlung der Geschwister und hilft den Ehekontrakt aufsetzen. Ein Hauptpunkt ist der Schuldenstand, der auf Haus, Hof und Gut lastet. Zeigt sich der Hofbauer nicht abgeneigt, so überbringt er die frohe Botschaft dem jungen Bauer, der heiraten will. Es tritt eine acht- bis zehntägige Bedenkzeit ein. Nach zwei oder drei Tagen kommt der junge Bauer selbst und lernt seine künftige Braut kennen. Schließlich muss das Hochzeitsdatum ausgehandelt werden."

Vielerorts ist die Funktion des Heiratsvermittlers mit weiteren Aufgaben verbunden: Dem Amt des Hochzeitsladers, des Beistands, er führt den Hochzeitszug an, ist Zeremonienmeister, gelegentlich Redner und Spaßmacher. Die gebräuchliche Bezeichnung „Kuppler" oder „Schmuser" deutet auf die wichtige Rolle der Juden als Vermittler bei der Brautwerbung hin. Besonders Viehhändler kamen weit herum und lernten die wirtschaftlichen Verhältnisse der Höfe kennen. Im Gegensatz zu der anrüchigen Kupplerin wurde die Brautwerbung durchweg von Männern durchgeführt. Üblich war eine Entlohnung in Form eines Kleidungsgeschenks. Das Einschalten eines Heiratsvermittlers ist für bäuerliche Ehen charakteristisch. Für Arbeiterehen ist sie nicht bekannt.
Quellen: Birlinger, Konferenzaufsatz

Albumblatt Hauchbild, um 1880
Goldbronze auf Celluloid, 9,5 x 7 cm
Oberschwäbische
Barockgalerie Ochsenhausen

Mein Liebchen ja
du hast mein Herz,
Gieb mir nun auch
das Deine,
Vergiß mein nicht in
Freud und Schmerz,
Weil ich es redlich
meine.

„Die Braut trägt meist ein schwarzseidenes Kleid, den Braut-Kranz und Schleier." (Upflamör)

Heiratsvertrag

Der Hochzeit geht eine Einverständniserklärung seitens der Eltern der Brautleute voraus. Diese wird in Form eines Vertrags notariell beglaubigt. Zu den Verhandlungen des Heiratsvertrags sind außer den Eltern die nächsten Verwandten und gelegentlich auch Nachbarn anwesend. Sie bilden die Zeugen. Von dem Notar (ggf. Bürgermeister) werden die gegenseitigen Mitgiftbedingungen vertraglich festgehalten. Der Vertrag umfasst die Höhe des Kaufpreises des Hofes (Boden, Vieh, Wald), das „Heiratsgut" an Geld und Gütern (in Form eines Beibringinventars), die „Pfründe" (Oberschwaben) bzw. das „Leibgeding" (Schwäbische Alb) der Eltern, und die auf dem Hof lastenden Schulden.

Diese Verhandlungen sind in der Regel langwierig, zumal es einem Bauern schwer fällt, etwas abzugeben. Zeigt sich der Vater des Bräutigams mit den vom Sohn vorgeschlagenen Bedingungen nicht einverstanden, so misslingt der Handel. Dann muss er auf seine Auserwählte verzichten und sich neu umsehen. Ebenso wenn die Eltern der Braut nicht zufrieden sind. Kommt der Vertrag zustande, wird er ins „Ehebuch" eingetragen und es werden Abschriften erstellt. Der Vertrag bildet die Grundlage für die spätere Inventur. Gewöhnlich benennt der Heiratsvertrag auch den Zeitpunkt, an dem die Hochzeit stattfinden soll.
Quellen: Birlinger, Höhn

„Die Hochzeiten sind in ganz Hohenzollern am Montag, Dienstag oder Donnerstag." (Sigmaringendorf)

Gebäckmodel (Detail), 18. Jh.
Holz
Landesmuseum Württemberg
Museum der Alltagskultur Waldenbuch

81 „Die Kinder müssen beim Einzug der Braut ein Vater unser beten." (Oggelshausen, Oberamt Riedlingen)

Hereinheiraten

Wenn ein Mädchen heiratet, so wird das unterschiedlich bewertet: Ein reicher Bauernflecken setzt vieles daran, eine vermögende Braut nicht hinauszulassen. In anderen Gemeinden hält man es für eine Ehre. Ist es eine Arme, so lässt man sie gerne gehen und einen Burschen vom andern Nachbarort heiraten. Ist sie reich, so lauern Konflikte zwischen den jungen Männern der Nachbarorte, die sie ebenfalls gern ehelichen wollen. Gelegentlich wird dem Bräutigam aufgelauert, um ihn aus dem Ort zu prügeln.

„Die Frauen stammen meist aus einer der umliegenden Ortschaften, während selten ein hiesiger Jüngling nach auswärts heiratet." (Andelfingen, Oberamt Riedlingen)

Quellen: Birlinger, Konferenzaufsatz

Die Scheibe entstand anlässlich eines Hochzeitsschießens, das am Sonntag, den 5. Oktober 1879 und Montag, den 6. Oktober 1879 bei der Schützengesellschaft Wangen ausgetragen wurde. Der aus Fenken-Schlier (Oberamt Ravensburg) stammende Konrad Müller (1837 – 1898) heiratete am 18. November 1875 die Witwe Kunigunde Müller, geborene Mayer (1845 – 1906). Sieben Monate zuvor war ihr Ehemann, der Mehlhändler Johannes Müller, verstorben. Konrad Müller ehelichte also die 30-jährige Witwe seines Bruders. Eine öffentliche Hochzeitsfeier hat es bei dieser zweiten Heirat nicht gegeben. Am 4. Dezember 1879 wurde Konrad Müller in den Wangener Bürgerausschuss des Gemeinderats gewählt. Erst mit dieser Wahl erwarb er sich das Bürgerrecht. Das vier Jahre nach der Heirat veranstaltete Hochzeitsschießen steht also im Zusammenhang mit dem kurz darauf erfolgten Erwerb des Bürgerrechts.
(Dr. Rainer Jensch, Stadtarchiv Wangen i. A.)

„Im Liebesleben findet längere Bekanntschaft nur statt, wenn die Mutter nichts ist." (Ringgenweiler)

Schützenscheibe Ehepaar Müller, 1879
Öl auf Holz, 69 x 70 cm
Stadtarchiv Wangen i. A.

„Wenns beim Kirchgang regnet, wird der Mann ein Lump." (Tannau, Oberamt Tettnang)

Hochzeitsessen

Das Hochzeitsessen heißt „Mahl" oder „Zeche". Diejenigen, die daran teilnehmen, sitzen oder gehen „in die (der) Zeche", „ins Mahl" oder „ins Essen". Es wird im Wirtshaus oder im Haus gehalten; auf der Schwäbischen Alb mehr im Haus. Das Festmahl beginnt nach der kirchlichen Trauung. Auf der Schwäbischen Alb dauert es meist ein bis zwei Stunden, in Oberschwaben drei bis vier Stunden. Es besteht aus verschiedenen Gängen, in Oberschwaben ist es etwas reichlicher bemessen. Geschöpft wird aus dem, was der Garten und die eigene Kleinviehhaltung hergeben. Auf den Zukauf von Lebensmitteln wird so weit wie möglich verzichtet.

Das Essen beginnt mit dem Anstoßen der Gläser durch den Bräutigam. Haben sich die „Mahlgäste" gesetzt, werden die Speisen aufgetragen. Zuerst wird eine Suppe gereicht, etwa Knödel- oder Knöpflessuppe. Wo Vermögen vorhanden ist, folgt das Voressen. Es gibt saure oder geröstete Kutteln oder Nieren und eine weitere Suppe, meist Nudelsuppe. Der Hauptgang besteht aus Rindfleisch mit Beilage, Sauerkraut und Schweinefleisch und etwas Blut-, Grieben- oder Leberwürsten, Kalbsbraten und Salat, oft noch mit Bratwürsten. Das Fleisch wird in großen Portionen gereicht. Da und dort sind ältere Speisen üblich: In Oberholzheim (Laupheim) wird zuerst Mus aus Geigen (Semmelbrot in geigenähnlicher Form) aufgetragen, im Oberamt Ulm und Biberach sind „nackte" Brat- oder Leberwürste beliebt. Den Schluss des Essens bildet eine süße Speise, vielfach Weinsoße mit Küchlein. Nicht überall wird ein Nachtisch serviert, denn Weißbrot und mürbe Kuchen stehen jederzeit bereit. Diese haben die Mütter der Brautleute gebacken.

Mit Einbrechen der Dunkelheit beginnt ein zweites Essen. Dieses ist gewöhnlich geringer als das Mittagessen und besteht aus Salat und Bratwurst oder Braten. Vielfach reicht man eine Nudelsuppe vornweg. Die Reste des Essens werden mit nach Hause genommen. In Oberschwaben und den Oberämtern Blaubeuren und Ulm ist es Sitte, einen „Grätter" bei sich zu haben, in dem die Speisereste transportiert werden. Teilweise gehört das vom Mittagessen Übrigbleibende dem Brautpaar und dient am nächsten Tag den Angehörigen und dem Laderpaar zur Nahrung. Vielerorts gilt es als Christenpflicht, den Armen und Kranken eine „Krankensuppe" zu schicken. Nahen Verwandten, die nicht am Hochzeitsessen teilnehmen können, wird ebenfalls ein Essen ins Haus gesandt.

In Fridingen (Oberamt Tuttlingen) ist das Hochzeitsessen ein einfaches Mahl mit Nudelsuppe, Rindfleisch, Sauerbraten. In Neuhausen ob Eck (Oberamt Tuttlingen) gibt es Nudelsuppe, Rindfleisch mit Rettich und rote Rüben als Beilage, Sauerkraut oder Salat mit Schweinsbraten und Bratwurst.
Quellen: Birlinger, Höhn, Konferenzaufsatz

„In einem stillen Winkel läßt sich gut plaudern. Allerdings ist die Zahl dieser trauten Plätzchen sehr

Hochzeitsgesellschaft, 1912
Gasthof „Waldhorn", Ravensburg
Fotografie K. Schäfer
Stadtarchiv Ravensburg

geschmolzen, denn das Gaslicht macht die Nacht zum Tage." (Laichingen, Oberamt Münsingen)

Hochzeitsfoto

Das Hochzeitsfoto wird am Hochzeitstag geschossen. Oft ist es zeitlebens das einzige Bild, das ein Paar von sich besitzt. Meist wird die Aufnahme in einem Fotostudio gemacht, inmitten einer eigens dafür geschaffenen Kulisse. Andere Personen kommen nicht mit aufs Foto. Die Praxis des Fotografierens beginnt in den Städten um 1870. Um 1900 gehen auch auf dem Land viele Brautpaare vor dem Hochzeitsmahl zum Fotografieren. Anhand von Hochzeitsfotos lassen sich die Veränderungen der Mode nachvollziehen. Sie geben Auskunft, wie lange sich bestimmte Kleidungstraditionen in der Stadt und auf dem Lande halten. Zuerst werden der Brautstrauß und der Brautschleier weiß, bevor auch das Hochzeitskleid weiß getragen wird. In den allermeisten Aufnahmen steht der Bräutigam an der linken Seite der Braut. In bürgerlichen Kreisen wird gelegentlich ein Porträt in Ölfarbe erstellt. Je repräsentativer die Darstellung sein soll, umso größer ist das Bildformat. Gelegentlich lässt man die Brautleute in eigenen Bildern verewigen.

Hochzeitsgäste

Die Anzahl der Gäste richtet sich zuerst danach, wie vermögend die Brauteltern sind. Sie richtet sich auch danach, ob die Hochzeit zuhause stattfindet oder im Wirtshaus, und ob es sich um eine „Zechhochzeit" handelt oder eine „Festhochzeit". Meist passen die Gäste an ein, zwei Tische. Allerdings erweitert sich der Kreis der Gäste im Laufe des 19. Jahrhunderts. Die „Festhochzeiten", bei denen die Gäste beim Essen und Trinken freigehalten werden, nehmen zu und lösen die „Zechhochzeiten" ab, bei denen die anwesenden „Mahlgäste" ihr „Mahlgeld" entrichten. In der Regel nehmen außer dem Brautpaar die nächsten Verwandten am Essen teil – Brautführer und Brautjungfern, Eltern, Großeltern, Geschwister, Paten. Oft ist auch die Näherin zugegen, ebenso der Heiratsvermittler (Kuppler), manchmal auch der Hochzeitslader. Auch der Pfarrer erhält eine Einladung, jedoch nicht zum Essen, sondern auf die Zeit danach.

„Wenn die Kerzen flackern bei der Trauung, dann giebts viel Händel und Streit." (Wurzach, OA Leutkirch)

Hochzeitsgesellschaft, um 1912
Fotografie P. Scherer
Stadtarchiv Ravensburg

„Nach dem Abhalten der Sponsalien im Pfarrhaus gehen die Brautleute ins Wirtshaus." (Zwiefaltendorf)

Die größte Gästeschar hat die großbäuerliche Hochzeit. Sie liegt, je nach Größe des Hofes und der Verwandtschaft, bei bis zu 100 Personen. Bei Hochzeiten auf der Schwäbischen Alb können solche Festlichkeiten zu einem kleinen Dorffest werden. Die Schar der Gäste nimmt gegen Abend zu. Gäste vom Dorf und von außerhalb stoßen dazu, ebenfalls die Handwerker, die die Aussteuer angefertigt haben, oder die Geschäftsleute, bei denen das Brautpaar Aussteuerartikel gekauft hat. Hochzeiten von Arbeitern und kleinen Angestellten werden ausschließlich im kleinen familiären Kreis begangen.
Quelle: Höhn

Hochzeitsgeschenk (siehe Geschenke)

Hochzeitskleidung

Eine spezielles Hochzeitskleid, das nur am Tag der Trauung getragen wird, gibt es lange Zeit nicht – weder für den Mann, noch für die Frau. Die von den Brautleuten getragenen Kleidungsstücke bleiben das für alle wichtigen und feierlichen Anlässe reservierte Kirchen- und Festtagskleid. Die Garnitur wird geschont, sie soll so lange wie möglich halten. Erst als das Brautkleid weiß wird, bleibt es für einen einzigen Anlass reserviert. Allenfalls als Ballkleid findet es noch eine Verwendung. Hingegen trägt der Mann seinen Anzug auf. Von einem eigenen Brautkleid bzw. Brautanzug zu reden, ist im 19. Jahrhundert nur bedingt angebracht.

Wie jedes Festtagsgewand ist auch die Hochzeitskleidung der Mode unterworfen. War sie während des 18. Jahrhunderts bunt, wird sie im Laufe des 19. Jahrhunderts dunkelblau und schwarz, bevor sie bei der Braut um die Jahrhundertwende weiß wird. Dabei kommt es zu großen regionalen Unterschieden. Der Bräutigam behält die dunkle Ausstattung in Form eines langen schwarzen Rockes und eines Hutes bei. Der hohe Zylinder löst den runden Hut und dieser den alten Dreispitz ab. Unter Offizieren ist es üblich, in Galauniform zu heiraten, um der Bedeutung der gesellschaftlichen Stellung Ausdruck zu verleihen. Die Braut trägt meist ein tuchenes Kleid. Ein Seidenes gilt vielerorts als zu üppig und ist, außer in stark

„Während des Evangeliums bleibt der Bräutigam knien, warum, das weiß kein Mensch." (Ellwangen)

Hochzeitsfoto, um 1900
Fotograf unbekannt
Kreisfreilichtmuseum Kürnbach

„Zerreißt die Braut am Hochzeitstag ihren Schleier, so bedeutet dieses Unglück." (Dietershofen)

katholisch geprägten Gegenden, die Ausnahme. Die Kosten für das Kleid übernimmt traditionell der Bräutigam, den Schleier finanzieren die Freundinnen.

Auf das Richten der Haare wird besondere Sorgfalt gelegt. Die Haartracht reicht von glatt gekämmten Haaren bis zu kunstvoll geflochtenen Zöpfen, in die bunte Bänder geschlungen werden. Den Kopf ziert eine Krone, der so genannte „Schappel", oder ein Blumenkranz. Um den Hals legt sich die Braut ein schweres seidenes Fransentuch von bunter, später dunkler Farbe, und eine aus Perlen oder Korallen gefertigte Halskette.

Das Verschleiern bürgert sich gegen Ende des 19. Jahrhunderts ein und entwickelt sich aus dem in die Mode gekommenen Schal. Der Schleier ist von Beginn an weiß und soll die Jungfräulichkeit der Braut symbolisieren. Lange Zeit durften sich nur „unbescholtene" Bräute mit einem Schleier schmücken, schwangeren oder verwitweten Frauen war dies nicht gestattet. Der Schleier soll erst gelüftet werden und sich die Braut dem Bräutigam zeigen, wenn der Bund fürs Leben besiegelt ist und die Ringe getauscht sind. Braut und Bräutigam dürfen sich nach dem Nachtessen, andernorts bereits nach dem Mittagessen, umziehen.

Um 1850 verdrängt die schwarze, stadtbürgerliche Festkleidung die bunte Tracht des Landes. Die dunkle Kleidung ist fortan überall in Württemberg anzutreffen. Schon um 1870 wird in den Städten das weiße Brautkleid Mode. Wer traditionell heiraten will, hält jedoch an der dunklen Kleidung fest. Um die Jahrhundertwende hält auch in den kleinen Gemeinden und Dörfern das weiße Brautkleid schrittweise Einzug. Zuerst in Form von weißen Accessoires wie Schleier, Brautstrauß oder Brautkranz, bevor schließlich auch das Brautkleid weiß wird. Allerdings ist das schwarze Kleid noch bis in die 1950er Jahre anzutreffen. Die weiße Brautkleidung verhält sich zur weltlichen und christlichen Bedeutung der Hochzeit neutral. Sie kann für die kirchliche wie für die standesamtliche Trauung verwendet werden. Im Adel ist alles, was später die bürgerliche und ländliche Brautkleidung kennzeichnen wird, bereits um 1800 gebräuchlich: Das Kleid in Weiß, der Kranz im Haar, der Schleier, eine Schleppe, untailliertes und dekolletiertes Gewand.
Quellen: Bringemeier, Höhn, Kallenberg, Unseld

Hochzeitsfoto, um 1910
Doppelhochzeit
Fotograf unbekannt
Kreisfreilichtmuseum Kürnbach

„Regenwetter am Hochzeitstag bedeutet Unglück."

Hochzeitslader (siehe Einladen zur Hochzeit)

Hochzeitsnacht

Zu diesem Stichwort finden sich in den Dokumentensammlungen keine Einträge. Die Hochzeitsnacht gilt als vollständig privat. Lediglich zu den „Tobiasnächten" gibt es Hinweise. Danach war es in einigen Gemeinden im Allgäu (Christatzhofen, Egoffs) gebräuchlich, „Tobiasnächte" zu halten. Im Neuen Testament verbringen nach Tobias 6, Vers 22 die Neuverheirateten die ersten drei Nächte nach der Vermählung ohne Beischlaf. Die Ehe soll danach glücklicher ausfallen, weil ihr in Folge dieser Enthaltung der Teufel nichts anhaben könne. Zur Unterstützung sollen die Brautpaare vor dem Zubettgehen fünf Vaterunser beten. Die evangelische Braut legt sich das neue Gebetbuch unters Kopfkissen.
Quellen: Birlinger, Höhn, Konferenzaufsatz

Hochzeitsrede

Nach der Trauung hält häufig der Lehrer, mancherorts der Pfarrer, die Hochzeitsrede, die „Abdankung" oder den „Spruch". Ihm folgen der Vater der Braut und der des Bräutigams, schließlich die Verwandten. Sie wünschen dem Brautpaar und den Familien viel Glück und formulieren den Dank an die Brauteltern. Mancherorts besteht die Ansprache auch in Ermahnungen und frommen Sprüchen. Die Hochzeitsrede wird zuhause oder im Wirtshaus gehalten, bei schönem Wetter auch vor denselben auf der Staffel („Staffelrede") oder auf der „Miste". Teilweise findet sie auch in der Tenne, auf dem Tanzboden statt. Am Schluss seiner Rede erhält der Lehrer von der Braut ein weißes Taschentuch.
Quelle: Höhn

Carl Johann Lasch (1822 – 1888), Schwäbisches Hochzeitsmahl, 1873
Holzstich, 23 x 31 cm
Heimatmuseum Reutlingen

und eine Gespielin an den Platz der Braut rücken, damit keine Hexe hinkann."

Hochzeitsreise

Eine Reise anlässlich der Vermählung kommt in bürgerlichen Kreisen Ende des 19. Jahrhunderts in Mode. Als Reiseziele werden die Seen Norditaliens, der Bodensee und die Nordseeinseln beliebt, da diese mit dem Zug erreichbar sind. Bauern können den Hof nicht verlassen, bei Handwerkern sind Hochzeitsreisen ebenfalls unbekannt.

„In der letzten Zeit ließen sich manche in Beuren oder Einsiedeln trauen. Bessere Leute – vermöglichere und angesehenere – machen eine Hochzeitsreise." (Altshausen, Oberamt Saulgau)
Quelle: Konferenzaufsatz

Hochzeitsschießen

Das „Ansschießen" ist auf der Schwäbischen Alb kaum bekannt, in Oberschwaben wird es unterschiedlich gehandhabt. In stadtbürgerlichen Kreisen ist es populär, anlässlich einer Heirat ein Hochzeitsschießen zu veranstalten, für das eine bemalte Schützenscheibe gespendet wird.

„Am Hochzeitsmorgen wird der Braut von den ledigen Burschen des Dorfes der Tag angeschossen." (Spindelwag, Oberamt Leutkirch)
„Den Anbruch des Hochzeitstages verkünden Böllerschüsse." (Renhardsweiler, Oberamt Saulgau)
„An der Hochzeit wird wenig oder gar nicht geschossen." (Ertingen, Oberamt Riedlingen)
„Zu bemerken ist noch, dass bei Hochzeiten hier die Pistole eine große Rolle spielt. Wenn der Brautwagen mit der Aussteuer abgeht, wird geschossen, am Hochzeitsmorgen schießen die ledigen Bursche der Braut den Ehrentag an und den Tag über werden ungezählte Freudenschüsse abgegeben." (Treherz, Oberamt Leutkirch)
„Sowohl beim Einholen der Braut und beim Brautwagenführer als auch beim Kirchgang wird geschossen." (Hundersingen, Oberamt Riedlingen)
„Morgens Taganschießen" (Upflamör, Oberamt Riedlingen)
„Schon bei Tagesanbruch wird mit Pistolen geschossen." (Langenargen, Oberamt Tettnang)
Quelle: Konferenzaufsatz

„Wenn das Brautpaar an den Altar tritt, so muß schnell einer an ihren Platz rücken, damit keine

Album Reise Silberhochzeit Dr. Ehrle, 1912
je 42 x 33 x 6 cm
Museum Isny

"*Hexe hinkann.*" *(Feldstetten, Oberamt Münsingen)*

Hochzeitsschrank

Wie das Bett gehören auch der Schrank oder die Truhe zur Ausstattung einer Aussteuer. In ihm wird das „Weißzeug" aufbewahrt – Wäsche, Bettbezüge, Handtücher und anderes aus Baumwolle oder Leinen Gefertigtes. Der Schrank (ein- oder zweitürig) wird regional typisch bemalt und mit der Jahreszahl der Hochzeit versehen. Meist finden sich über den Türen das Monogramm oder der Name der Braut, gelegentlich auch des Bräutigams.

Auf den Schrankfüllungen sind die katholische wie die evangelische Kirche in Leutkirch abgebildet; zusätzlich finden sich die Initialen „J." und „M." sowie die Zahlen „18" und „35". Geschwungene Zweige kreisen die Zahlen ein und lassen die Darstellung eines Hochzeitskränzchens vermuten.
Im evangelischen Kirchenarchiv Leutkirch ist für den 16. Juni 1835 die Hochzeit von Johannes Mendler aus Leutkirch und Hildegund Eisele aus Urlau vermerkt. Mendler war evangelisch, Eisele katholisch. Die Hochzeit wurde in beiden Kirchen begangen. Der Schrank ist somit Zeugnis einer „Mischehe". Mischehen sind in jener Zeit äußerst selten, zumal es in Leutkirch lediglich 25 Familien katholischen Glaubens gibt. Das Ehepaar hat diesen Umstand in besonderer Weise gewürdigt.

„Zwischen Vortanz und Mahl ist Gräberbesuch auf dem Gottesacker." (Hundersingen, Oberamt Riedlingen)

Hochzeitsschrank aus Leutkirch
Weichholz, bemalt
H: 200 cm, B: 146 cm, T: 50 cm
Museum im Bock, Leutkirch

„Am Mittwoch heiraten bringt Unglück." *(Hauerz, Oberamt Leutkirch)*

Hochzeitstanz

Nicht bei allen Hochzeiten wird getanzt. Ob und wie lange getanzt wird, das hängt von unterschiedlichen Bedingungen ab: So bestimmen die finanziellen Möglichkeiten die Länge der Musik. Ist das Brautpaar sehr religiös, so wird eher weniger oder gar nicht getanzt. Und es hängt davon ab, ob es die erste oder eine zweite Hochzeit ist. In letzterem Falle wird es eher eine „stille Hochzeit".

Getanzt wird im Wirtshaus, in der Tenne, manchmal auch im „Stadel" (Scheune). Mancherorts gibt es einen „Vortanz". Meist ist der Beginn nach dem Essen. Zuerst erfolgt der „Brauttanz", danach der „Ehrentanz", anschließend sind alle Gäste aufgerufen. Charakteristisch ist die Dreizahl. Sie besteht aus drei Touren oder Tänzen. Meist tanzt das Brautpaar die ersten drei Tänze allein, danach schließt sich eine allgemeine Tanzrunde an. Vielfach haben der Brautführer oder der Bruder des Bräutigams das Vorrecht, mit der Braut die ersten drei Tänze zu machen. Mit der Braut tanzen zu dürfen, gilt als große Ehre. Beim Brauttanz hält die Braut in katholischen Orten den Rosenkranz in der Hand.

Die Tänzer erhalten von der Braut und den „Gespielen" ein farbiges Sacktuch, ebenso die Musiker. Etwa um acht Uhr abends nähen die Hochzeitsmägde den Hochzeitsknechten oder die Tänzerinnen den Burschen farbige Sacktücher an den Hut. Die Burschen behalten wegen der aufgenähten Tüchlein die Hüte auf. Getanzt wird, wenn es die Witterung erlaubt, „in Weißem", d.h., man zeigt die weißen Hemden und Strümpfe. Der Abendtanz dauert eine halbe bis eine dreiviertel Stunde. Danach folgt das Nachtessen. Später wird der Tanz fortgesetzt.

„Der bäuerliche Hof ist gewöhnlich die Braut, um welche getanzt wird."
Quellen: Birlinger, Höhn, Konferenzaufsatz

Reinhold Braun (1821 – 1884)
Hochzeitsfeier in Wain, 1862
Aquarell auf Papier, 25 x 32,5 cm
Württembergische Landesbibliothek, Stuttgart

„Fällt in die Hochzeitstage ein Todesfall, so sieht man das als Unglück an." (Hasenweiler)

Hochzeitszug

Nachdem sich die Gäste im Haus der Braut eingefunden haben und die Glocken das Zeichen geben, formiert sich die Hochzeitsgesellschaft zum Hochzeitszug und setzt sich in Bewegung. Charakteristisch sind die vorausgehenden kleinen Kinder. Verbreitet ist folgende Reihenfolge: Als erste folgen Brautführer und Brautjungfern, dann das Brautpaar, das zweite und dritte Brautführerpaar, dann die männlichen Gäste, schließlich die weiblichen. Die Paare gehen „per Arm", doch ist es da und dort Sitte, dass sich die Brautleute nur an der Hand führen.

In oberschwäbischen Orten kommt nach der Musik bereits das Brautpaar, weiter die „Nächsten", ferner die Mädchen und Jünglinge für sich, dann Verwandte und Gäste, getrennt nach Männern und Frauen, zuletzt die Eltern des Brautpaares. In Treherz (Oberamt Leutkirch) eröffnen die Jünglinge den Zug. Hierauf kommt der Bräutigam inmitten der beiden „Nächsten", dann seine Eltern, Verwandte und Nachbarn.

Im Zug der Braut gehen die Jungfrauen voran. Es folgt die Braut mit dem Brautführer, die Eltern und Verwandten der Braut bilden den Schluss. Die zwei Brautjungfern eröffnen den Zug in Mooshausen (Oberamt Leutkirch). Dann kommen der Brautführer mit der Braut, hierauf die „Ehrenmutter" oder „Schlamperin", der Bräutigam mit zwei „Ehrengesellen" und die übrige Hochzeitsgesellschaft. In Ertingen (Oberamt Riedlingen) ist es üblich, dass die Braut und ihre Gespielinnen vorausgehen. Ihnen folgen Bräutigam und Ehrengesell, Hochzeitsmütter und Hochzeitsväter, dann Männer und Frauen. In Berghülen auf der Schwäbischen Alb kommen nach der Musik kleine Mädchen, dann ältere Mädchen, hierauf die Braut, rechts und links von ihr eine Brautjungfer, dann die Freunde des Bräutigams, weiter der Bräutigam zwischen zwei Brautführern. Die verheirateten Männer bilden den Abschluss. Ähnlich ist der Hochzeitszug in Feldstetten (Oberamt Münsingen). In Nellingen (Oberamt Blaubeuren) folgen auf Musik und Kinder die Hochzeitsknechte und -mägde je für sich. Dann kommen die ledigen Burschen und Mädchen aus der Verwandtschaft, darauf die Brautleute, die sich an der Hand führen, ferner die Schwiegerväter und die männlichen Hochzeitsgäste, endlich die Schwiegermütter mit den weiblichen Gästen.

„Auf dem Brautwagen sitzt der Schreiner und die Nähterin." (Spindelwag, Oberamt Leutkirch)

Louis Braun (1838 – 1916)
Schwäbischer Hochzeitszug, um 1875
Holzstich, 20 x 29 cm
Hällisch-Fränkisches Museum, Schwäbisch Hall

„Eine eigentliche Werbung der beiden jungen Leute findet nicht statt." *(Rot an der Rot, Oberamt Leutkirch)*

Teilweise führt der Brautführer die Braut an den Altar und wieder nach Hause, anderswo nur an den Altar, wo er sie dem Bräutigam übergibt. Vielerorts führt der Brautführer die Braut aus der Kirche. Auf dem Heimweg wird der Zug „gesperrt". In Bittelschieß, Oberamt Hohenzollern, singt die Schar der Gäste dem frisch getrauten Paar beim Austritt aus der Kirche zu: „Musst mit, musst mit, kannst vollends mit, kannst schreia oder lacha, kannst's nimmer anders macha!"
Quellen: Höhn, Konferenzaufsatz

Jahreszeit

Auf den Bauernhöfen werden die Hochzeiten in den arbeitsarmen Jahreszeiten gefeiert. Im Winter wird die Zeit zwischen Dreikönig und Fastnacht bevorzugt, im Frühjahr vor dem Ausbringen der Saat, im Herbst nach dem Einbringen der Ernte. Vielfach wählt man einen Feiertag, am häufigsten Oster- und Pfingstmontag, daneben auch den Kirchweihmontag. Im evangelischen Bereich gelten als beliebte Termine: Lichtmess (2. Februar), Johanni (24. Juni), Jakobi (25. Juli), im katholischen Bereich der Donnerstag vor Fastnacht, Katharina (25. November), denn „Kathrein stellt d(ie) Tänz(e) ei(n)". In katholischen Gebieten wird in den „geschlossenen Zeiten" (Advent, Fastenzeit) nicht geheiratet. Der Frühsommer bringt den Vorteil, dass die Tenne, die meist als Ort dient, leer ist und nicht für Tiere oder Futtervorräte vorgehalten werden muss.
Quellen: Höhn, Konferenzaufsatz

„Die meisten Hochzeiten werden in den Monaten November, Januar und Februar gehalten und zwar entweder an einem Montag oder Dienstag." (Empfingen, Oberamt Hohenzollern)

Ja-Wort (siehe Konfessionelle Trauung)

Reinhold Braun (1821 – 1884), Hochzeitszug in Wain, um 1862
Aquarell auf Papier, 22 x 32,5 cm
Württembergische Landesbibliothek, Stuttgart

„Das Brautpaar lässt den Kranken und Armen am Hochzeitstage Suppe austragen."

Jubelhochzeit

Gestaltung und Ablauf der Hochzeitsjubiläen (Silberne Hochzeit, Goldene Hochzeit) ähneln sehr denen der eigentlichen Hochzeit. Die wichtigsten Elemente sind die Jubiläumstraufeier in der Kirche, das Festmahl und der Tanz. Auch der Hochzeitsbogen als Schmuck des Hochzeitshauses ist ein wiederkehrendes Merkmal. Lange werden Silber- bzw. Goldhochzeiten ausschließlich als Familienfeiern in kleinem Rahmen abgehalten. Später findet sich auch eine Anzahl nichtverwandter Gäste ein.

Text auf der Schützentafel Leutkirch: Vorderseite: „Zum Vergnügen der Schützengesellschaft gestiftet von Jakob Mutter Rotgerber in seinem 75ten Lebensjahr." Rückseite: „Jakob Mutter Rothgerber geboren zu Pludenz den 28ten März 1752 verehlichte sich den 14. Nov. 1774 mit Viktoria Kleiner gebor. Dahier den 28ten Febr. 1756, erzeugte 16 Kinder und feierte mit ihn den 15ten Nov. 1824 seine Jubelhochzeit.
Seinem festlichen Aufzuge in die Kirche wohnten, außer einer Menge Leute, bei seine noch lebenden 4 Töchter nebst 22 Enkel von welchen der neugeborene von dem Jubelpaar aus der Taufe gehoben wurde."

Eintrag im Kirchenregister: „Montag 15. Nov. Haben öffentlich und feierlich Jubelhochzeit gehalten der hiesige B(ürger) u. vormal(ige) Rothgerber Jacob Mutter, geb. v. Pludenz , und Victoria, geb. Kleiner von der Hammerschmiede allh(ier), beide rel. kathol(isch). Ihrem Verlangen gemäß ist davon auch in der evang. Pfarrkirche, Sonntags zuvor, öffentl(iche) Meldung geschehen, welchem Verlangen man ohne Anstand entsprochen hat, weil beide Ehegatten sich als gute dienstfertige und friedliebende Mitbürger und Nachbarn rühmlich ausgezeichnet und sich durch Uibung der Christen- u. Bürgertugenden Jedermann lieb und werth gemacht haben, daher man sicher auf eine allgemeine Theilnahme an dieser Feierlichkeit rechnen konnte. Man hat sich auch in dieser Erwartung nicht getäuscht … um 8 Uhr sammelte sich eine große Menge von Personen beiderl(ei) Conf(essionen) u. Geschlecht u. von jedem Alter vor und in dem Haus der Jubilanten nro: 124. vordere Gerbergasse. Dann ging der Zug die Kornhausgasse hinauf über den Markt in die kathol(ische) Pfarrkirche, unter abwechselnder Musik u. Gesang. Die Schuljugend kathol(ischer) Seite sang unter Anleitung ihres Lehrers Gellert'(sche) Lieder, nach der eigenen Anordnung des Jubel-Ehegatten, der als ein in guten Schriften belesner Mann und als aufgeklärter Katholik bekannt ist. Der Gottesdienst wurde eröffnet mit der Taufe eines Enkelkindes der Jubilanten … Hierauf hielt H. Stadtpf(arrer) Rittler eine angemeßne Hochzeitsrede üb(er) Genesis 32,10 … Nach geend(etem) Gottesdienst begab sich der Zug wieder in voriger Ordnung unter Gesang und Musik nach Hause, und Nachm(ittag) war auf der Post z. gold(enen) Kreuz ein fröhl(iches) Hochzeitsmahl veranstaltet, woselbst Alles vergnügt und in guter Ordnung vorbeigekommen, auch die Jubel-Hochzeitsleute reichlich beschenkt worden."

„Wo d' Liabe nafällt, do bleibt se liega, ond wenn's a Misthauß wär." (Merklingen, Oberamt Münsingen)

Schützentafel, 1824
Öl auf Holz, 74 x 71 cm, Museum im Bock, Leutkirch

105   *Man sagt: „Wünsche Glück zum Ehrentag!" (Ellwangen, Oberamt Leutkirch)*

Kennenlernen

Im 19. Jahrhundert sind die Möglichkeiten sich kennen zu lernen, begrenzt. Die populärsten Orte sind: Spinnstube, Jahrmarkt, Kirchweihfest, Sichelhenke und Hochzeiten. Überall anzutreffen sind die abendlichen Zusammenkünfte in der Spinnstube. Die Spinnstube ist der wichtigste Ort der Dorfjugend. Dort wird während der Winterzeit, meist gegen ein Entgelt, „das Licht" gehalten. Man trifft sich unter Aufsicht eines Erwachsenen, um zu spinnen, zu stricken, Handarbeiten zu verrichten, zu schwätzen und zu singen. Trotz Aufsicht kommt es immer wieder zu Beschwerden. „Im Sommer muß mr s'Donnerwetter fürchte und im Winter d'Lichtstubenmädla," sagt ein Sprichwort. Besonders den evangelischen Pfarrern sind die Spinnstuben ein Dorn im Auge. Sie meinen gegen diesen Herd der Unmoral in strenger Weise vorgehen zu müssen. In fast jedem Kirchenkonventsprotokoll des 19. Jahrhunderts setzt man sich mit Lichtstubendelikten auseinander. Vermutlich war das Treiben harmloser als sein Ruf. Die Saison beginnt an Martini (11. November), dann holen die Mädchen die Kunkel von der Bühne und es wird Einstand gefeiert. Es folgen der Thomastag (21. Dezember), Weihnachten und schließlich Lichtmess (2. Februar). An Lichtmess oder am Sonntag vor der Fastenzeit hört das „Kunkelgehen" auf.
Vielerorts kommen die Klöpplerinnen zum „Karz" oder „Nachtkarz" zusammen. Sie fertigen Handarbeiten, die sie zum Verkauf anbieten. „Sichelhenke" oder „Sichelhanget" nennt man das Fest, das größere Bauernhöfe zum Ende der Getreideernte für die Helfer veranstalten.

„Wahrlich, es ist ein Schmerz … zu beobachten, dass die meisten ländlichen Vergnügungen durch die Sünde der Unkeuschheit vergiftet sind: die Spinnstuben, die Jahrmärkte, die Kirchweihen, die Hochzeiten; es ist ein Jammer, wie der Sonntag, dessen Ruhe und Erholung dem Landmann nach der oft so sauren und harten Arbeit der Woche so sehr zu gönnen wäre, fast überall von einem großen Teil der Jugend so schändlich missbraucht wird zu abendlichem und nächtlichem Herumschwärmen im Dorf und außerhalb des Dorfes, zuerst vielleicht nicht mit unsittlicher Absicht, aber schließlich meist mit unsittlichem Erfolg."
Immanuel Gonser: „Die Geschlechtlich-sittlichen Verhältnisse der evangelischen Landbewohner im Königreich Württemberg, dargestellt auf Grund der von der Allgemeinen Konferenz der deutschen Sittlichkeitsvereine veranstalteten Umfrage". Leipzig 1897
Quellen: Gonser, Höhn, Konferenzaufsatz, Unseld

Johann Baptist Pflug (1785 – 1866), Das Sichelhengen, um 1830,
kolorierte Radierung, 20 x 25 cm
Museum Biberach

„Wer warta ka, kriagt au en Ma." *(Sprichwörter Merklingen, Oberamt Münsingen)*

Kirchgang

Der Kirchgang findet in katholischen Orten morgens um 9 Uhr, gelegentlich um 11 Uhr statt. In der Regel ist es ein Hochamt, im Anschluss an die „Kopulation" (Trauung). Beim Gang zur Kirche und beim Betreten derselben geht der Bräutigam an der Seite der Braut, hingegen führt er sie beim Verlassen des Altars und beim Hinausschreiten am Arm. In katholischen Gegenden ist es Sitte, dass das Brautpaar und die nächsten Verwandten nach der Kirche zu den Gräbern der Eltern und Verwandten gehen, um für sie zu beten. Der Zeitpunkt der Trauung in der evangelische Kirche ist mit dem Pfarrer auszuhandeln.
Quellen:, Birlinger, Höhn

Konfessionelle Trauung

Von 1536 bis 1809 haben sich in der evangelischen württembergischen Landeskirche die für den Trauakt feststehenden Worte und Gesten, von wenigen sprachlichen Veränderungen abgesehen, nicht verändert: „ … und sie beede solches bejahen, nemme der pfarrer ihre beede Händ, füge sie zusammen, und spreche: Ewer beeder eheliche Pflicht, so ihr hie vor Gott und der heiligen Kirche thun, bestätige ich euch in dem Namen Gottes deß Vatters, und deß Sohns und deß Heil. Geistes. Was Gott zusammengefügt hat, daß soll der Mensch nicht scheiden. Haben Sie dann Ring, mögen sie dieselben einander geben, darauf heiß sie der Kirchen-Diener niederknien, und sprech also: Laßt uns beten … " (Stuttgart 1678).

Die katholische und die evangelische Kirche vertreten in einigen Punkten unterschiedliche Auffassungen. Die katholische Kirche hat die Ehe zum Sakrament erhoben. Für sie ist sie unauflöslich, so wie es im Ehegelöbnis heißt, „bis dass der Tod Euch scheide". Nur in Ausnahmefällen, zum Beispiel bei Ehebruch, gestattet sie eine Trennung von Tisch und Bett. In der evangelischen Kirche soll ein Christ die Ehe als von Gott geheiligte Ordnung ehren und verwirklichen. Auch die evangelische Kirche vertritt die Auffassung der Unauflöslichkeit der Ehe, sie widerspricht aber nicht der Auflösung unhaltbar gewordener Zustände. Die kirchliche Trauung wird als Einsegnung verstanden, der nach 1876 eine weltliche Verheiratung vorausgeht. Bei der kirchlichen Trauung geloben die Eheleute einander Treue und versprechen, ihre Ehe christlich zu führen. Dafür empfangen sie Gottes Segen. Beide Konfessionen untersagen Geschiedenen eine kirchliche Trauung. Die evangelische Kirche erkennt die „Zivilehe" als ausreichend an.
Quellen: Gross, Unseld

„Mußt mit, mußt mit, kannst vollends mit, kannst schreia oder lacha, kannst's nimmer anders macha!"

Karl Wilhelm Schurig (1818 – 1874)
Brautleute aus dem Dorf Talheim
(Oberamt Tuttlingen), um 1848
kolorierte Lithographie, 15,5 x 11,5 cm
Kreiskultur- und Archivamt Tuttlingen

„Am Mittwoch fliegt kein Vogel aus." (Herbertingen, Oberamt Saulgau).

Kosten der Hochzeit

Die Hochzeitskosten bezahlen die Eltern der Brautleute je hälftig. Man unterscheidet in „Zechhochzeit" und „Feierhochzeit". Bei der „Feierhochzeit" werden alle Gäste freigehalten („ins Essen sitzen"). Die Hochzeit im Wirtshaus, bei der die Gäste mit Ausnahme der „Nächsten" ihre Zeche selber bezahlen, heißt „Zechhochzeit", „Mahlhochzeit" oder „Schenkhochzeit". Das Schenken spielt dabei eine große Rolle und die Leute kommen vorwiegend zum Schenken ins Wirtshaus. Bei solchen Hochzeiten rechnet man mit mehr Leuten als bei den Haushochzeiten. Fast jedes Haus des Ortes schickt gegen Abend wenigstens einen Vertreter zum Gratulieren. Diejenigen, die daran teilnehmen, sitzen oder gehen „in die (der) Zeche", „ins Mahl", „ins Essen". Solche Hochzeiten finden gewöhnlich zu Hause statt. Bei der „Schenkhochzeit" wird von den Brautleuten ein Gewinn gemacht, während bei der „Feierhochzeit" die Ausgaben manchmal beträchtlich sind. Gelegentlich sammelt der Hochzeitslader schon beim Einladen zur Hochzeit das „Mahlgeld" ein.
Quellen: Höhn, Konferenzaufsatz

Kranzwerfen (siehe Ende der Hochzeit)

Kunkelschenke

Am Sonntag vor der Hochzeit versammeln sich die Mädchen, die mit der Braut die „Kunkelstube" (Spinnstube) besucht haben, im Elternhaus der Braut, um „an die Kunkel zu hängen". Die zur Aussteuer gehörige neue Kunkel (der Spinnrocken, an welchem das ungesponnene Flachs befestigt wird) ist aufgestellt und wird mit Kinderkittelchen, Röckchen, Taufzeug, aber auch mit Küchengeräten, Backschüsseln, Melkkübeln behängt. Freundinnen und „Gespielen" (Brautjungfern) schenken das „Kindszeug" (Tragekissen, Kinderkittelchen und -häubchen). Der Bräutigam und die beiden Brautführer sind zugegen. Die Gäste werden bewirtet.
Quelle: Höhn

Hermann Volz (1814 – 1894)
Bauernhochzeit, um 1880
Öl auf Leinwand, 21,5 x 26,5 cm
Museum Biberach

„*Wenn's beim Kirchgang regnet, wird der Mann ein Lump.*" (*Ebenweiler, Oberamt Saulgau*)

Liebesbrief

Im 19. Jahrhundert sind gemalte, durchbrochene und in Scherenschnittmanier gearbeitete Liebesbriefe lediglich im bürgerlichen Milieu verbreitet. Im Zentrum der Blätter steht meist ein Herz, das mit Liebessprüchen und Liebesgedichten umrahmt ist. Diese sind teils weltlichen, teils geistlichen Inhalts. In den wenigsten Fällen werden sie vom Liebhaber selbst angefertigt, fast immer hat sie auf Bitten der örtliche Lehrer oder Pfarrer hergestellt und beschrieben. Vielfach dienen Kupferstiche als Vorlagen. Liebesbriefe werden meist als Eheversprechen gegeben und nicht zur Einleitung einer Beziehung. Dafür hätten sich die Pfarrer nicht hergegeben.
Quelle: Bischoff-Luithlen

Liebesgabe

Eine Liebesgabe wird weniger als Ausdruck anfänglicher Sympathie oder aus Verliebtheit gegeben, sondern zur Unterstreichung einer Heiratsabsicht

Militärhochzeit

Militärpersonen bedürfen einer Heiratserlaubnis: aktive Offiziere durch den König, Unteroffiziere und Soldaten durch die Kommandeure. Für den Adels- und Offiziersstand gibt es zusätzliche Auflagen, die eine Heirat sehr aufwendig machen und gelegentlich eine Eheschließung nach eigener Wahl verhindern können. Offiziere müssen nachweisen, dass ihre Einkünfte so hoch sind, dass sie für eine angemessene Lebensführung ausreichen. Von der Braut verlangt man ein makelloses Vorleben und eine standesgemäße Herkunft.
Quelle: Gross

„Wenn es in's Kränzle regnet oder schneit, wird man reich." (Laichingen, Oberamt Münsingen)

gestrickter Strumpf als Geldbörse
Miniatur, spätes 19. Jh.,
Wolle, Metall, ca. 6 cm
Museum Isny

Liebesbrief verziert, um 1840
Papier, bemalt, Goldfäden
33,5 x 21,5 cm
Heimatmuseum Reutlingen

113   „Im Liebesleben findet längere Bekanntschaft nur statt, wenn die Mutter nichts ist." (Ringgenweiler)

Mischehen

Hochzeiten zwischen evangelischen und katholischen Christen sind seit dem Ende des „Alten Reiches" (1803) und der Proklamation der Religionsfreiheit für alle möglich. Sie kommen zunächst selten vor, weil in den meisten Gemeinden entweder Katholiken oder Protestanten leben. Biberach und drei weitere Städte sind Ausnahmen, hier existieren zwei Konfessionen. Folglich kommt es früher und öfter zu „gemischten Ehen". Gelten konfessionsverbindende Ehen zunächst als Zeichen von Aufgeklärtheit, werden sie um 1830 zum Stein des Anstoßes. Katholiken, die sich von der „Übermacht" der Regierung im protestantischen Königreich unterdrückt fühlen, wenden sich gegen die staatliche Ehegesetzgebung. Unterstützt durch die Kurie in Rom, die auf die Einhaltung des Kirchenrechts dringt, erreicht der „Mischehenstreit" um 1845 Oberschwaben.

In den folgenden gut hundert Jahren werden „Mischehen" kriminalisiert und stigmatisiert: In solchen Ehen werden weniger Kinder geboren, die Scheidungsrate und die Selbstmordrate sind erhöht. Mischehen gelten als „großes Unglück" und es wird deren Verhinderung angestrebt. Von den Kanzeln, in den Schulen, in der Christenlehre, im Kommunion-, Firm- und Konfirmationsunterricht wird vor „unguten" Liebesbeziehungen gewarnt. Erfährt ein Pfarrer von einer solchen Liebesbeziehung, einer Verlobung oder einer geplanten Hochzeit, werden die Pfarrkinder häufig ins Pfarrhaus einbestellt. Eltern werden gedrängt, die Beziehung ihrer Kinder zu unterbinden. Protestanten wird der Status als ordentliches Gemeindemitglied abgesprochen und sie verlieren ihr aktives und passives Wahlrecht. Katholiken leben in „schwerer Sünde", ihnen droht Sakramentenverweigerung. 1852 fordert ein landeskirchlicher Erlass die Pfarrer auf, eine Mischehenstatistik zu führen.

Der Kampf um die ‚richtige' kirchliche Kindererziehung erreicht mit der Einführung der Ziviltrauung (1876) ein neues Niveau: Konfessionsverschiedene Ehepaare und deren Kinder erhalten seltener Unterstützung aus den Kirchenkassen. Brautpaare werden auf finanzielle Vorteile hingewiesen, falls sie sich für den jeweiligen Trauritus entscheiden.

Wilhelm Robert Heck (1831 – 1889)
Nach der Trauung, um 1880
Stahlstich, 66 x 52 cm
Heimatmuseum Reutlingen

„'s Häuble wär jo nit so schwer, wenn i nu no ledig wär."

Mitgift

Unter Bauern kann erst dann geheiratet werden, wenn eine ausreichend große „Ökonomie" zusammenkommt. Die Eltern müssen sich damit einverstanden erklären, Haus und Hof gegen die Zusicherung eines Leibgedings (Altenteils) und der Abfindung der Geschwister zu übertragen. Da bei mehreren Geschwistern die Abfindungen die ökonomische Substanz der Höfe auszuzehren drohen, wird meist nur ein Teil der Mitgift abgetreten. Der Rest wird in Raten abgetragen und kann sich über eine, zwei Generationen hinziehen.

Die Mitgift besteht zuerst in Naturalleistungen, besonders in Mobiliar und Vieh, und, je nach Erbrecht, in Boden. Hinzu kommt ein Geldbetrag. Die Freiteilbarkeit des Bodens (Realteilung) auf der Schwäbischen Alb begünstigt die Gründung neuer Existenzen, während das Anerbenrecht die übergangenen Söhne meist zu langer Ehelosigkeit verdammt.

Auf dem Land ist die Auswahl möglicher Ehepartner eingeschränkt. Man kennt sich, weiß um die Verhältnisse und achtet darauf, sich durch eine Heirat nicht um den Ruf zu bringen. Der gute Ruf zählt deshalb ebenfalls als Mitgift, ebenso wie Verwandtschaftsbeziehungen, denn die bäuerliche Sippe gewährt in Notsituationen Schutz und Unterstützung. Die Heirat mit einem Bauern, dessen Verwandtschaft vermögend ist, kann als eine Art Ersatz für fehlende eigene Mittel angesehen werden.

Da viele Landbewohner praktisch kein Land besitzen und es fast keine Mitgift auszutauschen gibt, kommt der Arbeitsfähigkeit des Ehepartners ein umso größeres Gewicht zu. Kraft und Ausdauer, Gesundheit und gute Konstitution zählen in den unteren Schichten wie auch bei den Kleinbauern zu den gefragten Eigenschaften. Die Frauen müssen neben harter körperlicher Arbeit auch zahlreiche Schwangerschaften verkraften.

Ökonomisches Kalkül spielt auch im Handwerkerstand eine zentrale Rolle. Hier verhindern die Reglementierungen der Zünfte jahrhundertelang die Aufnahme neuer Mitglieder. Zeitweise hatten nur Söhne und Schwiegersöhne der Handwerksmeister eine Chance, ein Gewerbe eigenständig zu betreiben. Die entscheidende Mitgift einer Handwerkertochter besteht deshalb neben einer Werkstatt in der Aussicht auf eine Meisterstelle. Das macht sie für Gesellen, die Meister werden wollen, besonders attraktiv.
Quellen: Mooser, Unseld

Aussteuerwagen, Allgäu 19. Jh., Holz bemalt, 18 x 51 cm
Museum Biberach

komme, "Vo dr Kirch ins Hoazichhaus, vom Hoazichhaus in Hirsche naus."

Morgensuppe

Am Hochzeitsmorgen gibt es die „Morgensuppe" oder „Frühsuppe". Das Essen findet auf dem Hof des Bräutigams wie dem der Braut statt, sofern sie aus unterschiedlichen Orten kommen, oder nur auf dem Hof des Bräutigams. Der Begriff Suppe ist irreführend, es wird nämlich reichlich aufgetischt. Die oberschwäbische Morgensuppe besteht in einer Nudelsuppe, Fleisch mit nackten Würsten, Sauerkraut, Küchlein und Kaffee. Eingeladen sind die Hochzeitsgäste und die Nachbarn. Mancherorts wird die Einladung eigens vom Hochzeitslader ausgesprochen, andernorts ist jeder willkommen. Bei der Morgensuppe können der Kranz und der Blumenschmuck übergeben werden und teilt der Hochzeitsbitter die Rosmarinsträuße aus. Man bleibt zusammen bis zum Erstläuten, worauf die Hochzeitskleider angelegt werden. Anschließend formiert sich der Hochzeitszug. Mit Einführung der Zivilehe im Jahr 1876 gibt es die Morgensuppe vor dem Gang zum Standesamt, sofern dieser mit dem Gang zur Kirche verbunden wird.

In Hüttisheim (Laupheim) werden Bier, Küchle und Fleisch mit Nudeln gereicht. Während der Mahlzeit wird gesungen. Das Essen vor dem Kirchgang besteht in der Riedlinger Gegend in einer Weinsuppe und aus Kaffee, welcher in mächtigen Schüsseln schon „eingebrockt" und mit Zucker versehen aufgestellt wird. Auch Weißbier und Schnaps wird hier und da gereicht. Früher war die „Hochzeitssuppe" ein Besoldungsteil des Lehrers und des Pfarrers und umfasste Fleisch, Wein und Brot. Die Schulkinder kommen vor oder nach der Schule vorbei. Bei der Morgensuppe werden auch die ärmeren Kinder bedacht.
Quellen: Birlinger, Höhn, Jockers, Konferenzaufsatz

„An der Frühsuppe nahmen auch die Nachbarn teil, namentlich die Kinder; gewöhnlich ward eine Weinsuppe aufgetragen, auch Bier und Schnaps zum weißen Brot gereicht, hernach der Kaffee. ...
Bei den Städtern wurde, solange sich die Hochzeitsgäste zum Kirchgang versammelten, im Hause der Braut Kaffee verabreicht, und zwar nicht nur den Gästen, sondern auch vielen Hausarmen."
Johann Baptist Pflug: Aus der Räuber- und Franzosenzeit Schwabens. Erinnerungen eines schwäbischen Malers aus den Jahren 1780–1840.

Wilhelm Robert Heck (1831 – 1889)
Am Hochzeitsmorgen, 1870
Öl auf Leinwand, 155 x 116 cm
Land Baden-Württemberg
Leihgabe an das Heimatmuseum Reutlingen

„Hitzig ischt et witzig." (Laichingen, Oberamt Münsingen)

Musik

Nicht bei allen Hochzeiten gibt es Musik. Besonders dort, wo religiöse Empfindungen vorherrschen, zum Beispiel im Pietismus, kommt es eher zu einer „stillen Hochzeit". Auch wenn die Brautleute arm sind oder es eine zweite Heirat ist, wird auf Musik verzichtet. Bei den „Tanzhochzeiten" sind Blechmusik bzw. Instrumentalmusik üblich – Klarinette und Geige oder Trompete und Geige. Bei einfacheren Hochzeiten werden diese durch Ziehharmonika- oder Geigenspiel ersetzt.

Vielfach geht die Musik dem Hochzeitszug voran und bläst einen fröhlichen Marsch. Musik begleitet die Hochzeitsgesellschaft nach Ende der Trauung wieder nach Hause oder in die Wirtschaft. In streng evangelischen Gemeinden geht die Musik nur soweit mit dem Hochzeitszug mit, bis die Kirche in Sicht ist. Diese Beschränkung geschieht auf Wunsch der Pfarrer. Im Wirtshaus kommen die Musikanten erst in den Speiseraum, wenn der Braten aufgetragen wird. Sie spielen dann vor jedem Tisch ein Stück, meist ein Menuett. Sie erhalten dafür von den Gästen eine kleine Münze. Später spielen sie zum Tanz und bleiben bis zum Ende der Hochzeit.
Quellen: Birlinger, Konferenzaufsatz

Myrtenzweig (siehe Brautkranz)

Nach dem Essen

Nach dem Mittagessen und dem Verteilen der Hochzeitssträuße findet ein Spaziergang statt. An ihm beteiligen sich alle Gäste. Von den Frauen wird bei dieser Gelegenheit die Aussteuer der Braut besichtigt, von den Männern Hof, Viehstand und Fruchtvorrat des Bräutigams. Kästen und Kommoden sind hierbei geöffnet. Arme Bräute sollen sich, um vor der Kritik bestehen zu können, manchmal Aussteuerstücke entlehnt haben. Im Anschluss werden die neu eintreffenden oder auswärtigen Hochzeitsgäste von Braut und Bräutigam begrüßt und eingeführt.
Quelle: Konferenzaufsatz

„A Hauzich und a Bahr dauret koane sieba Johr." (Dietershofen, Oberamt Hohenzollern)

Johann Baptist Pflug (1785 - 1866)
Der Brauttanz, 1838
Öl auf Holz, 28 x 37,5 cm
Privatbesitz

„Am Abend des Heiratmachens hält man den Festwein." (Spindelwag, Oberamt Leutkirch)

Neigungsehe

Das traditionelle Ehemodell, wonach bei der Wahl des Gatten und der Gattin wirtschaftliche Erwägungen Vorrang vor Zuneigung haben, hält sich unter Bauern und Adligen am beständigsten. Dennoch findet auch in diesem Stand im Laufe des 19. Jahrhunderts eine Emotionalisierung der Beziehungen statt.

Im Bäuerlichen ist der Raum für die Entfaltung gefühlsbetonter Beziehungen begrenzt. Die Arbeit ist anstrengend, die Kindersterblichkeit hoch. „Erst die Hochzeit, dann die Liebe", heißt es vielerorts. Zuneigung entsteht über die gemeinsame Arbeit. Es ist der Respekt, den Frau wie Mann vor der Arbeitsleistung des anderen haben. Liebe entwickelt sich innerhalb des eigenen Standes und als Folge einer ökonomisch und sozial ausgewogenen Vereinigung. Mögen Bauernkinder und Gesinde bei der Arbeit und auf dem Hof vertraut miteinander umgehen, so bleiben sie sich doch des sozialen Abstandes zwischen ihnen bewusst. Der Bauernsohn mag über Jahre Sympathie für ein weniger vermögendes Mädchen oder die Magd empfinden, er weiß, wenn er den Hof übernehmen soll, ist sie nicht die Passende. Ende des 19. Jahrhunderts verstehen sich die Ehegatten immer weniger als Wirtschaftsgemeinschaft und stärker als Gefühlsgemeinschaft. Sie haben nicht nur materiell füreinander zu sorgen, sondern auch seelisch.

Natürlich gibt es Verliebtheit auch unter der Bauernjugend. Dennoch kommt die „Neigungsehe" eher in den Städten und im Kleingewerbe vor, wie auch bei den weniger Bemittelten, zum Beispiel in Kreisen der Heim- und Fabrikarbeiter/innen, wo keines der beiden Teile etwas zu verlieren hat. Im bürgerlichen Milieu halten die patriarchalische Arbeitsteilung und die Erziehung der Kinder die Frau von der Erwerbsarbeit fern und beschränken ihre Tätigkeiten auf das Haus. Dies fördert die Intimisierung der familiären Beziehungen.
Quellen: Konferenzaufsatz, Unseld

„Was bei Verheirathungen erste Rücksicht seyn sollte, und was dem Eintritt in die Ehe, die höchste Süßigkeit giebt, die Liebe nämlich, wird beim Landvolk meistens ganz auf die Seite gesetzt. Die heirathende Jugend darf sich dabei kaum eine Stimme erlauben: alles wird von Eltern und Vormündern erwogen und abgethan. Wenn das Hofgut, auf das man den Jungen zu bringen sucht, eine gute und fruchtbare Lage

Theodor Schüz (1830 – 1900)
Ach, du klarblauer Himmel, 1887
Öl auf Leinwand, 74 x 63 cm
Oberschwäbische Elektrizitätswerke (OEW)

123 „*Am Abend des Heiratmachens hält man den Festwein.*" (*Spindelwag, Oberamt Leutkirch*)

hat, mit schönem Vieh besetzt, nicht zu sehr mit Schulden und Gefällen überladen, und in gutem Zustand erhalten ist, so wird der Vertrag geschlossen, ohne nur an den Umstand von Ferne zu gedenken, ob ihm das Mädchen auch gefalle, und ob ihre beiderseitigen Charaktere unter sich simpathisieren. Das Landvolk handelt und schachert bei seinen Heiratsanträgen genau so, wie auf dem Viehmarkt, oder auf dem Kornspeicher, und eine Kleinigkeit, die bei einer so weitgreifenden Unternehmung gar keine Beherzigung verdient, zerschlägt oft den ganzen Handel. Da werden also die Ehen nur nach ökonomischen Rücksichten geschlossen, und die Liebe – bei einem etwas feinern und empfindsamern Sinn der Jugend – wohl gar mit dem Ochsenstecken oder mit dem Jochriemen aufgeweckt. Sie werden, wo nicht mit Haß, doch mit Kälte und Gleichgültigkeit begonnen, und mit ewigem Zank und Hader fortgesetzt."
Johann Gottfried Pahl: „Ueber die Liebe unter dem Landvolk", in „Die Einsiedlerin aus den Alpen", Monatszeitschrift 1793, herausgegeben von Marianne Ehrmann. Zitiert in: Hermann Bausinger: Berühmte und Obskure. Schwäbisch-alemannische Profile. Tübingen 2007, S. 185/86.

„Dem Bauersmann ist die Familie heilig, aber die zärtliche Eltern-, Geschwister- und Gattenliebe, wie wir sie bei den Gebildeten voraussetzen, werden wir bei ihm vergebens suchen."
Wilhelm Heinrich Riehl, Die bürgerliche Gesellschaft, Stuttgart 1854.

Anton Laupheimer (1848 – 1927)
Der schüchterne Verehrer, 1884
Öl auf Leinwand, 66 x 53.5 cm
Staatsgalerie Stuttgart

„Der bäuerliche Hof ist gewöhnlich die Braut, um welche getanzt wird."

Ort der Hochzeit

Die Hochzeit findet im Allgemeinen am Ort der künftigen Wohnung der Brautleute statt, im Haus, „auf welches geheiratet wird". Dies ist in Gebieten der Realteilung meist der Ort des Bräutigams, in Anerbengebieten eher gemischt. Dass es der künftige Wohnort ist, darauf wird schon aus dem Grund Wert gelegt, dass die Zahl der Hochzeitsgäste groß und die Hochzeitsgeschenke reichlich sind. Hält ein Brautpaar in dem Ort Hochzeit, der verlassen wird, so wird regelmäßig über mangelnden Besuch geklagt. Vom Standpunkt des „Wettmachens" aus betrachtet, dürfen die Gäste dann nicht hoffen, dass die Brautleute ihnen ihre Dienste und Geschenke bei einer eigenen Hochzeit erwidern.

Otternkappe

Eine runde, pelzverbrämte Kappe, die unverheiratete und heiratswillige junge Männer bei Festlichkeiten tragen. Sie verlieren sich um die Mitte des 19. Jahrhunderts.
„Den Brautwagen begleiteten berittene Bauernburschen, welche Otterkappen und so genannte Schopen, d.h. kurze Jacken von verschiedenen Farben trugen, ihre Lederstiefel reichten bis zu den Hosen hinauf und ein silbernes Besteck, Gabel und Messer, blitzte ihnen aus der Tasche. Der Blechmusik folgten die Hochzeiter auf Bauernwägelchen oder auch in Kutschen nach."
Johann Baptist Pflug: Aus der Räuber- und Franzosenzeit Schwabens. Erinnerungen eines schwäbischen Malers aus den Jahren 1780–1840.

Albert Kretschmer (1825 – 1891)
Schwäbische Hochzeitsbräuche, um 1870
kolorierte Lithographie, 27 x 21 cm
Heimatmuseum Reutlingen

„Es beginnt mit Brätknöpfle oder Nudelsupp, worauf ein saures Voressen folgt."

Polterabend

Der Begriff Polterabend stammt aus dem Norddeutschen. Er bezeichnet den Abschied vom Junggesellenleben bzw. der Mädchenzeit. Früher wurde er acht Tage vor der Hochzeit gehalten, später rückt er auf den Vorabend der Hochzeit oder einen frei wählbaren Termin. Dazu werden Freunde und Nachbarn eingeladen und man trifft sich bei Käse, Bier und Brot. Der Ausdruck „die Hochzeit antrinken" ist namentlich auf der Schwäbischen Alb gebräuchlich. Für die empfangenen Getränke werden die Kameraden am Hochzeitsmorgen schießen. Erst am Ende des 19. Jahrhunderts ist der Polterabend mit Lärmen verbunden. Das Geklapper soll die bösen Geister vom Hochzeitshaus fernhalten. Man zerschlägt Steingut und Porzellan, keinesfalls Glas, da zerbrochenes Glas Glück bringen soll. Das Brautpaar wird die Scherben am Ende der Feier gemeinsam zusammenkehren. Der Polterabend endet um Mitternacht.
Quelle: Höhn

Ringe

Der Ring soll den Eheleuten symbolisieren, dass ihre Verbindung kein Ende kennt. In die Innenseite werden die Initialen des Ehepartners und das Hochzeitsdatum graviert, häufig auch sein Vorname. Traditionell bezahlt der Bräutigam die Ringe. Der Ringwechsel am Altar entsteht aus einer Mode in der Stadt. Er wird zu einem öffentlichen Zeichen gegenseitigen Treugelöbnisses, zu einer Art Rechtssymbol. Dieses Treugelöbnis macht das Paar auch in der Zeitung und auf persönlich verschickten Karten bekannt. Gewöhnlich werden der Verlobungs- und der Trauring am vierten Finger einer Hand getragen, am „Ringfinger". In der Verlobungszeit steckt er an der linken Hand, nach der Trauung an der rechten Hand. So kann man sehen, ob jemand verlobt oder verheiratet ist. Der „Ringfinger" wird häufig auch „Herzfinger" genannt. Zur Verlobung wird gern Schmuck (Broschen, Armbänder) aus kunstvollen Knoten geschenkt, die sich nicht lösen lassen.
Quellen: Adam, Bächtold, Birlinger

Rosmarinzweige

Vielerorts heftet sich die Braut einen Rosmarinzweig ans Kleid. Dies gilt als ein Zeichen für Keuschheit (wie die Myrte) und als Sinnbild für Treue. Vielfach wird den Hochzeitsgästen ein Rosmarinzweig ins Knopfloch gesteckt oder man gibt ihnen einen blau blühenden Zweig in die Hand. Rosmarin und Myrte kennt man auch bei Totenfeierlichkeiten.
Quelle: Konferenzaufsatz

„Am Sonntag darauf wird das Brautpaar das letztemal verkündet (von der Kanzel heruntergeworfen)."

*Stickbild, 1836
Garn auf Papier, 11 x 6,5 cm
Oberschwäbische Barockgalerie
Ochsenhausen*

„Auch die ärmste Braut hat 2 aufgemachte Bettladen." (Upflamör, Oberamt Riedlingen)

Schappel

Zur Ausstattung der Braut gehört die Brautkrone, der „Schappel" (die „Schäppel"). Dieser sieht von Gemeinde zu Gemeinde unterschiedlich aus. Bei der Hochzeit trägt die Braut den Schappel zum letzten Mal, danach kommt sie unter die Haube. Der Schappel gehört zum Hof und bleibt nach der Hochzeit in der Familie der Braut. Besitzt ihre Familie keinen, so trägt sie den der Familie des zukünftigen Ehemannes oder leiht sich einen. Schappeln kommen im gesamten Oberland vor, in den Reichsstädten ebenso wie auf den Dörfern. Sie sind nicht konfessionell gebunden. Sie werden von jungfräulich unbescholtenen Mädchen bei Taufen, Hochzeiten, Konfirmationen und Kommunionen getragen. Sie zeichnen sie als künftige Braut aus und heben ihre geschlechtliche Integrität hervor. Ist das Brautkränzle nicht aus künstlichem Material hergestellt, so wird es anschließend getrocknet und als Erinnerungsstück aufbewahrt. Die Brautkrone hingegen wird vererbt. In vielen Gemeinden gibt es eine Schäppelmacherin. Je nach Vermögen fällt die Brautkrone kostbarer aus, weniger Vermögende leihen sich eine.

Ist die Braut schwanger oder hat sie ein uneheliches Kind geboren, darf sie meist keinen Schappel bzw. Kranz tragen. An ihrer Stelle ziert eine kleine schwarze Seidenhaube ihren Kopf. Viele Witwen tragen bei ihrer zweiten Hochzeit die Haube. Bei den Schmuckelementen sind starke Einflüsse aus dem Erzgebirge und aus Thüringen festzustellen. Hausierer aus diesen Gebieten vertrieben im Oberland ihren Christbaumschmuck und fertigten künstlichen Schmuck, der auf den hiesigen Brautkronen Verwendung fand.
Quellen: Bischoff-Luithlen, Jockers, Konferenzaufsatz, Unseld

Scheidung

Geht die Heiratsabsicht in die Brüche, so geben beide Teile ihre Geschenke zurück. Hat die Verlobung schon stattgefunden, so hat der Teil, welcher „auftut", die Unkosten zu tragen. In den meisten Fällen kommt es jedoch nicht dazu, gewöhnlich folgt auf den Heiratstag die Hochzeit.
Quelle: Höhn

„Ist zur Zeit der Hochzeit Vollmond, so wird das Brautpaar glücklich." (Rot a.d. Rot, Oberamt Leutkirch)

Brautkrone aus Oberstetten (Schwäbische Alb), 19. Jh.
Landesmuseum Württemberg
Museum der Alltagskultur Waldenbuch

131   „Am Tage vor der Hochzeit ist der sogenannte Wandertag." (Feldstetten, Oberamt Münsingen)

Scherze

Scherze am Hochzeitstag erfreuen sich allgemeiner Beliebtheit. So werden beispielsweise die Latten des Rostes im Hochzeitsbett angesägt oder es wird in den Nachttopf ein Loch gebohrt. Beliebt ist der Brauch, kleine Leitern oder Schemel vors Hochzeitsbett zu stellen, wenn der Hochzeiter von kleinem Wuchs ist. Hier und dort werden die Ärmel des Nachthemds zugenäht. Verbreitet ist das „Strohsackstoppen". Hierbei werden die Bettdecken statt mit Federn oder Wolle mit Stroh oder Laub gefüllt oder es werden Steine, alte Rechen und Besen hineingetan. Auch kann es passieren, das die geladenen Junggesellen mit Leitern in das Haus des Brautpaares einsteigen und dort Brautkranz, Kleidungsstücke oder das Bettzeug des Paares stehlen. Der Bräutigam muss dann das Diebesgut durch Spendieren von Getränken auslösen.

Im Laufe des Abends kommt es zum „Schuhstehlen", bei dem ein Schuh der Braut entwendet wird. Dieser wird anschließend blumengeschmückt auf einem Tablett präsentiert und unter den Gästen versteigert. Beliebt ist auch das Stehlen des Brautkranzes. Seit Mitte des 19. Jahrhunderts ist das „Abfangen" verbreitet. Gelingt es den Junggesellen, die Braut abzufangen, so wird sie aus dem Festsaal gedrängt und in das nächstgelegene Wirtshaus verbracht. Dort trinken und bestellen die Entführer auf Kosten der Bewacher oder des Bräutigams. Brautführer und Brautjungfern sollen deshalb ein besonderes Auge auf die Braut haben. Als Neckereien dienen bei Hochzeitsgeschenken Schlozer, Porzellankindchen, Saugflaschen oder kindertragende Störche.
Quellen: Birlinger, Höhn, Konferenzaufsatz

Silberne Hochzeit (siehe Jubelhochzeit)

Spülgeld

Während oder nach dem Mittagessen oder dem Nachtessen erscheint die Spülmagd und bittet um ein Trinkgeld, das „Spülgeld". Teilweise veranstalten die Gäste selbst eine Kollekte. Auch die Köchin kommt und präsentiert ihren Schaumlöffel an den Tischen. Man legt ihr ein kleines Trinkgeld hinein und lobt sie wegen des guten Essens.
Quelle: Birlinger

Liebesscherz   Volkslied

Wenn Du zu meim'm Schätzchen kommst,
Sag, ich laß sie grüßen;
Wenn sie fraget, wie mir's geht,
Sag: auf beiden Füßen.

Wenn sie fraget, ob ich krank,
Sag, ich sei gestorben;
Wenn sie an zu weinen fangt,
Sag, ich käme morgen.

Ludwig Richter (1803 – 1884)
Illustration
In: Die Schönsten deutschen Volkslieder, herausgegeben von Georg Scherer, 1863

„Dem Glücklichen regnet es ins Grab, dem Unglücklichen in seinen Ehrentag."

Standesamt (siehe Ziviltrauung)

Standesheirat

Im 19. Jahrhundert dominiert die Heirat innerhalb der Herkunftsschicht. Standesgemäß wird nicht nur in bürgerlichen und adeligen Kreisen geheiratet, auch Bauern, Handwerker, Handelsleute und Angehörige des Militärs achten auf den gesellschaftlichen Rang des in Frage stehenden Ehepartners. Stände können als weitgehend geschlossene Heiratskreise angesehen werden. Sie sollen gewährleisten, dass der bisherige Status erhalten bleibt oder gesteigert wird.

Noch bis in die 1880er Jahre findet mehr als die Hälfte der Bevölkerung Württembergs ihr Auskommen in der Landwirtschaft. Im fast geschlossenen bäuerlichen Heiratskreis spielt die standesgemäße Mitgift der Frau eine entscheidende Rolle. Diese besteht zuerst in Vermögensteilen. Mit ihnen sollen die Lücken gefüllt werden, welche die Abfindungen für die nicht-erbenden Kinder aufreißen. Allerdings heiraten Bauern auch deshalb fast ausschließlich Frauen aus bäuerlichen Familien, da man bei ihnen das Vertrautsein mit der schweren landwirtschaftlichen Arbeit und den Autoritätsverhältnissen auf dem Hof voraussetzen kann. Neben Vermögen zählen auch Verwandtschaftsbeziehungen. Die Verwandtschaft mit einem vermögenden Bauern kann ein Ersatz für den kaum möglichen eigenen sozialen Aufstieg sein, denn die Sippe gewährt Schutz und Unterstützung.

Verglichen mit den minimalen Aufstiegschancen von Söhnen aus der bäuerlichen Unterschicht, sind die Chancen für Mädchen, „nach oben" ins Kleinbäuerliche zu heiraten, weitaus größer. Da die Männer wenig mitbringen, zählen körperliche Robustheit und Fruchtbarkeit der Frauen als eine Art Kapital. Hingegen gelingt den Töchtern eines Kleinbauern selten der Aufstieg in einen großbäuerlichen Haushalt.

Ähnliche Zusammenhänge ergeben sich im Handwerk. Auch wenn es seit der Gewerbefreiheit 1828 bzw. 1862 keine Reglementierungen mehr durch Zünfte gibt, die die Aufnahme eines Gewerbes einschränken oder verhindern, so erschweren fehlende Familientradition und Geschäftsbeziehungen die Existenzgründung.
Quellen: Matz, Mooser, Unseld

Am 3. Oktober 1891 ehelichten
Karl Sterkel und Maria Schaal. Ein Jahr später
stifteten sie den Schützen eine Scheibe.
Sterkel leitete die Parkettfabrik Sterkel, einen der
renommiertesten Betriebe in Ravensburg.
Maria Schaal war die Tochter der Papierhandlung
Schaal. Mit 40 Jahren wurde sie Witwe
und übernahm die Fabrik.
Stadtarchiv Ravensburg

Storch (siehe Scherze)

Tanzstunde

Der erste Ball gilt als der offizielle Auftritt in der Erwachsenenwelt. Er wird für die jungen Mädchen ein Ereignis von einschneidender Bedeutung. Mit Zittern und Bangen erwartet, stellt er die Bewährungsprobe weiblicher Gesellschafts- und Heiratsfähigkeit dar. Dieser Initiation geht eine sorgfältige Vorbereitungszeit voraus. Die jungen Damen werden mit den Regeln und Gepflogenheiten der Erwachsenenwelt vertraut gemacht. Sie üben sie während der Tanzstunde öffentlich und in Gruppen ein. Beim ersten Ball darf das Ballkleid als Gesellschaftskleid der Dame erstmals getragen werden. Das Anbieten des Armes ist das Signal zur Festigung einer Beziehung. Es verbindet auf formelle Weise den Körperkontakt mit einem Besitzanspruch und sanktioniert fortan selbst harmloseste Gesten von Zärtlichkeit. Eine formelle Werbung auszusprechen schickt sich nur für den Mann.
Quelle: Koch

Taschentuch

In der 1. Hälfte des 19. Jahrhunderts wird vielen an der Hochzeit Beteiligten ein Geschenk in Form eines Taschentuches gemacht: Der Pfarrer enthält eines, ebenso der Schultheiß. Den Vettern und Basen überreicht die Braut eines, wie auch den Gespielen und Gesellen. Die Näherinnen bekommen eines zusätzlich zu ihrem Geld. Etwa um acht Uhr abends nähen die Hochzeitsmägde den Hochzeitsknechten oder die Tänzerinnen den Burschen farbige Sacktücher auf den Hut.
Quelle: Konferenzaufsatz

„Wenn am Hochzeitstage zugleich eine Beerdigung ist, dann bedeutet das Unglück." (Hauertz, OA Leutkirch)

Tanzstundengesellschaft im „Russischen Hof" Ulm, 1906
Fotografie
Stadtarchiv Ulm

137 „*An die Kunkel gibt man am letzten Sonntag vor der Hochzeit." (Laichingen, Oberamt Münsingen)*

Ungleiches Paar

In den meisten Ehen ist der Bräutigam älter als die Braut. Meist beträgt der Abstand fünf bis acht Jahre. Ist ein Mann Witwer und heiratet zum zweiten Mal, erhöht sich der Abstand auf zehn und mehr Jahre. Von einem ungleichen Paar spricht man, wenn der Altersabstand etwa eine Generation beträgt, wenn der Größenunterschied zwischen den beiden augenscheinlich ist oder wenn die finanziellen Verhältnisse sehr weit auseinander liegen. Ungleiche Paare sind unter Adeligen weitaus verbreiteter als unter Bauern.

Philipp Jakob Wieland (1793–1873) und Mathilde Wieland (1838–1920)
Nach einer Lehre als Glockengießer macht sich der junge Philipp Jakob Wieland 1822 (?) in Ulm selbstständig. Er erkennt den Bedarf von freiwilligen und städtischen Feuerwehren für neue Spritztechniken. Da die Gebäude immer höher gebaut werden, braucht es entsprechende Löschgeräte.
1855 stirbt sein einziger Sohn, 1860 seine Frau. 1862, im Alter von 69 Jahren, gründet er eine neue Familie. Er heiratet seine 24 Jahre alte Nichte Mathilde und zeugt mit ihr vier Kinder. Als er 1873 stirbt, übernimmt diese offiziell die Leitung der „Messing- und Metallwarenfabrik" wie auch der „Feuerspritzen- und Glockenfabrikation". Sie vereinigt die beiden Betriebe unter „Wieland & Cie" und führt die Geschäfte mit zwei Prokuristen fort. Die Firma übersteht das Krisenjahr 1877 und baut in der Folge ein neues Polier- und Walzwerk. Die Wieland-Werke entwickeln sich zum größten Ulmer Industriebetrieb. 1892 übergibt Mathilde Wieland die Geschäfte an ihre Söhne.

„Bei der Wahl einer Lebensgefährtin spielt das Vermögen die Hauptrolle." (Mooshausen, Oberamt Leutkirch)

Unbekannter Künstler
Porträt Mathilde und Philipp Jakob Wieland
Öl auf Leinwand, je 89,5 x 75,0 cm
Wieland-Werke AG Ulm

„Der Bräutigam begrüßt die Braut unter der Hausthüre und wünscht ihr Glück zum Eintritt."

Untreue

Geht die Heiratsabsicht in die Brüche, so geben beide Teile ihre Geschenke zurück. Hat die Verlobung schon stattgefunden, so hat der Teil, welcher „auftut", die Unkosten zu tragen. In den meisten Fällen kommt es jedoch nicht dazu, gewöhnlich folgt auf den Heiratstag die Hochzeit.
Quelle: Höhn

Verkünden

Haben beide Eltern ihre Einwilligung gegeben und ist der Vertrag aufgesetzt, so wird das neue Brautpaar an dem auf den „Verspruch" folgenden Sonntag in der Kirche von der Kanzel verkündet. In der katholischen Kirche erfolgt die Verkündigung dreimal, in der evangelischen Kirche ebenfalls, jedoch nach 1876 nur noch einmal. Dort heißt es „N.N. und N.N. wollen nach göttlicher Ordnung zum Stand der Ehe greifen." Katholische Brautpaare gehen bei allen drei Verkündigungen nicht in die Kirche, sondern besuchen die Frühmesse oder den Gottesdienst anderswo.
Quellen: Höhn, Konferenzaufsatz

Verlobung (siehe Verspruch)

Verspruch

In Oberschwaben und auf der Schwäbischen Alb ist die gängige Bezeichnung für das Eheversprechen „Verspruch". Gebräuchlich sind auch „Heiratsabrede", „Stuhlfeste" und „Eheverlöbnis". Eine eigentliche Verlobungsfeier (Vorhochzeit), wie sie im 20. Jahrhundert üblich wird, findet im 19. Jahrhundert im Bereich der Kleinbauern nicht statt; hingegen ist sie bei Großbauern häufiger anzutreffen. Bei Kleinbesitzern fällt der Verspruch mit der Beschau zusammen und wird am Abend desjenigen Tages gehalten, an dem die

*Kein Feuer, keine Kohle kann brennen so heiß,
als heimliche Liebe, von der Niemand nicht weiß.
Volkslied*

*Ludwig Richter (1803 – 1884)
Illustration
In: Die Schönsten deutschen Volkslieder, herausgegeben von Georg Scherer, 1863*

auf Dienstag. Es soll auch jemand zur Morgensupp komme!" (Altshausen, Oberamt Saulgau)

beiden Parteien übereinkommen. Meist trifft man sich dazu in dem zu übernehmenden Hof bzw. in dem Haus, das dem Brautpaar künftig als Wohnung dienen wird.

Zwei bis sechs Wochen nach dem Verspruch wird die Hochzeit gehalten. Muss der heiratswillige Mann auf sein Erbe warten, kann sich die Zeit auf ein Jahr oder länger ausdehnen. Im bürgerlichen Milieu wird eine Verlobungszeit von einem halben bis einem Jahr üblich. Während dieser Zeit gelten die beiden Heiratswilligen als versprochen. Von nun an heißt der Bräutigam „Hochzeiter", die Braut „Hochzeiterin". Sehr unterschiedlich sind die Reaktionen, wenn die Braut dem Bräutigam bereits vor der Hochzeit „haushält". Die Kirchen lehnen das gemeinsame Wohnen unter einem Dach wie auch den Geschlechtsverkehr unter Verlobten heftig ab.

Der Verspruch ist der Entschluss zweier Liebesleute und er ist das Ergebnis der Verhandlungen zwischen zwei Familien und zwischen zwei Sippschaften, denn die Verwandten reden ein gewichtiges Wort mit. Sind die Väter einverstanden, wird die Verlobung ausgesprochen. Die bloße mündliche Verabredung zur Ehe ist kein Ehegelöbnis und besitzt seit Beginn des 19. Jahrhunderts keine Rechtsverbindlichkeit. Verlobte haben deshalb vor der Trauung das Aufgebot zu bestellen. Unterlassene Aufgebote ziehen Geldstrafen nach sich. Das Aufgebot wird bis zur Einführung der Zivilehe im Jahr 1876 vom Pfarrer aufgenommen und von der Kanzel verlesen, danach vom Standesbeamten öffentlich bekannt gemacht. Ende des 19. Jahrhunderts erfolgt die Bekanntgabe der Heiratsabsicht durch eine Bekanntmachung oder eine Verlobungsanzeige in der Zeitung. Eventuelle Einwände müssen jetzt eingereicht werden. Die Bekanntgabe der Heiratsabsicht geschieht auch mittels einer Karte, die an Verwandte und Freunde versendet wird. Diese Form des Öffentlichmachens ist lange Zeit nur in den Städten heimisch und hat sich erst spät auf dem Land eingebürgert. Löst einer der beiden Partner die Verlobung ohne triftigen Grund auf, so kann er/sie zu Schadensersatzleistungen herangezogen werden.

„Von einer besonderen Verlobungsfeierlichkeit ist bei der hohenzollern'schen Landbevölkerung bis Ende des 19. Jahrhunderts nichts bekannt." (Sigmaringendorf, Oberamt Hohenzollern)
Quellen: Bächtold, Höhn, Konferenzaufsatz

Johann Baptist Pflug (1785 - 1866)
Der Heiratshandel, 1838
Öl auf Leinwand, 28 x 37,5 cm
Privatbesitz

Sonnenschein am Hochzeitstag verbürgt eine glückliche Ehe." (Thuningen, Oberamt Tuttlingen)

Wegesperren

Es gibt zahlreiche Varianten dieses Brauchs, aber das Grundprinzip besteht immer im Aufhalten des Brautzuges und seinem Lösen. Mit „Wegesperren" werden die auf dem Weg in die Ehe auftretenden Schwierigkeiten symbolisiert, die es aus dem Weg zu räumen gilt. Solche Hindernisse treten bereits am Hochzeitstag auf. Am bekanntesten ist das Verhindern des Auszugs aus dem Haus, auf dem Weg zur kirchlichen Trauung oder dem Rückweg. Gesperrt wird auch auf dem Weg zum Wirtshaus, zum Brauthaus, zum Hof des Bräutigams. Wegesperren sollen den Wegzug in ein anderes Dorf durch Aufhalten der Fahrt des Aussteuerwagens verhindern bzw. den Einzugs ins Haus des Bräutigams. Meist dient dazu ein über den Weg gespanntes Seil oder Band, das von den sperrenden Personen in den Händen gehalten wird. Durch Geben eines Lösegeldes („Schnurgeld", „Brautlösen", „Maut") in Form von Münzen („Hochzeitskreuzer"), Süßigkeiten, Getränken oder einer Trunkspende wird der Weg freigemacht – das Seil/Band wird dann fallen gelassen oder in die Höhe gehoben und der Brautzug zieht darunter hindurch. Vereinzelt wird das Band durchschnitten. Brauchträger sind meist Kinder und Jugendliche sowie ledige Männer. Gelegentlich besorgen in katholischen Gegenden die Ministranten das Vorspannen. Vereinzelt obliegt das Auslösen des Aussteuerwagens dem Fuhrmann.

Durch die Unterbrechungen auf dem Weg soll sich der schrittweise Übergang aus der bisherigen sozialen Verflochtenheit in die individuelle Gemeinschaft der Ehe vollziehen. Die Gabe des Bräutigams ist somit auch ein persönliches Opfer für die Braut. Später wird es üblich, das Seilsperren durch Hindernisse zu ersetzen. Beispielsweise muss vom Brautpaar ein Baumstamm auf einem Sägebock durchgesägt werden.
Quellen: Dünninger, Konferenzaufsatz

Jacob Grünenwald (1821 – 1896)
Schwäbische Hochzeit auf dem Lande/
Der Hochzeitszug
Öl auf Leinwand, 75 x 61 cm
Privatbesitz

und Schmerz, weil ich es redlich meine."

Wetter

Je nachdem, wie das Wetter am Hochzeitstag ausfällt, glaubt man Vorhersagen über das künftige Eheglück treffen zu können. Sturm, Donner oder Gewitter am Hochzeitstag, namentlich beim Kirchgang, verheißen angeblich eine unglückliche Ehe. Schönes Wetter hingegen gilt überall als gutes Zeichen, der Sonnenschein soll eine glückliche Ehe verbürgen. Leichter Regen während der Trauung bedeutet mancherorts Glück, andernorts Unglück. Oft sind beide Ansichten in ein und demselben Ort anzutreffen. So heißt es „Es regnet der Braut Glück und Kinder" ebenso „Dem Glücklichen regnet es ins Grab, dem Unglücklichen in seinen Ehrentag". Gleiches gilt für den Tag des Einzuges: Regnet es an diesem Tag, so werden die Brautleute reich. Im Nachbarort bedeutet es exakt das Gegenteil.
Quellen: Höhn, Konferenzaufsatz

„Wenn's beim Kirchgang regnet, wird der Mann ein Lump." (Ebenweiler, Oberamt Saulgau)
„Wenn es in's Kränzle regnet oder schneit, wird man reich." (Laichingen, Oberamt Münsingen; Mooshausen, Oberamt Leutkirch)
„Hochzeitregen macht reich." (Berkheim, Oberamt Leutkirch; Boms, Oberamt Saulgaus; Fridingen, Oberamt Tuttlingen)
„Den Glücklichen regnets ins Grab, den Unglücklichen am Hochzeitstag." (Bolstern, Oberamt Saulgau)
„Wenns am Hochzeitstag beim Kirchgang regnet, so wird die Braut eine Schleckere, d. h. eine Näscherin." (Ebenweiler, Oberamt Saulgau)
„Regnet es während des Kirchgangs oder überhaupt am Hochzeitstag, so bedeutet das Unglück; Sonnenschein am Hochzeitstag verbürgt eine glückliche Ehe." (Thuningen, Oberamt Tuttlingen)

Johann Baptist Pflug (1785 – 1866), Die Kartenschlägerin, 1833
Öl auf Blech, 27 x 34 cm
Museum Biberach

„Die Kinder müssen beim Einzug der Braut ein Vater unser beten."

Winkelheirat

Winkelheirat nennt man eine Heirat, die ohne Wissen der Eltern geschlossen wird. Winkelheiraten sind im 19. Jahrhundert verbreitet, nicht nur in unteren sozialen Schichten, denen bei einem Antrag keine Erlaubnis erteilt würde. Sie werden, wenn das Eheversprechen nachgewiesen werden kann, rechtlich anerkannt, entsprechen aber nicht dem Moralkodex. Ehrenhaft ist allein die öffentliche Heirat und Verkündigung von der Kanzel.

„Das Handwerk der Begattung wird hier mehr als irgendwo in einer Gegend getrieben … Kaum hat der Jüngling und das Mädchen die Reife erlangt, so suchen sie einander auf, entweder mit oder ohne Vorwissen der Eltern. Der Bursche macht dem Mädchen 3 bis 4 auch noch mehrere Jahre die Kur; sehr oft werden die Folgen dieser Liebhaberey lebendig, und nicht selten hat dann die ganze Liebschaft ihr Ende. Oft erhascht der Liebhaber bey einer anderen einen größeren Vortheil an Geld oder Gut, und augenblicklich läßt er sein Mädchen sitzen, und heurathet jene … Winkelhurerey. Diese ist die Hauptursache der Ausartung der Sitten, und der großen Sterblichkeit unter den Kindern. Schon die vorige Regierung glaubte dieser schleichenden Pest durch öffentliche Schande einen Damm entgegenzusetzen und ließ daher gefallene Mädchen mit einem Strohkranz und den Verführer mit einem Strohdegen am Markttage vor das Kornhauß [heute Rathaus, d. Hg.] stellen. Aber der Zweck wurde verfehlt … ist in eine Geld oder Thurmstrafe verwandelt worden … Bis jetzt ist es freilich noch keiner Regierung gelungen, weder durch geistlichen Despotismus, noch durch weltlich strafende Gesetze, weder durch öffentliche Schande, noch Züchtigung der heimlichen unerlaubten Begattung Einhalt zu thun!"
Joseph von Schirt: Medizinische Topographie des Fürstentums Ochsenhausen. Ulm 1805.

„Im Liebesleben findet längere Bekanntschaft nur statt, wenn die Mutter nichts ist." (Ringgenweiler)

Schützenscheibe Amor und Psyche, 1735
Öl auf Holz, 92 cm Durchmesser
Stadtarchiv Ravensburg

149   *„Wenns beim Kirchgang regnet, wird der Mann ein Lump." (Tannau, Oberamt Tettnang)*

Wochentag

Als beliebteste Wochentage erweisen sich im bäuerlichen Bereich während des gesamten 19. Jahrhunderts der Dienstag und Donnerstag, wobei der Dienstag bevorzugt wird. Montag und Mittwoch sind Markttage. Der Mittwoch bleibt den „gefallenen" Brautpaaren vorbehalten. Die Montagshochzeit wird seitens der Kirche nicht gern gesehen, da der Sonntag durch Hochzeitsvorbereitungen gestört wird. Der Freitag gilt als Tag des Sterbens Christi und soll fleischlos gehalten werden. Außerdem gilt er als Unglückstag („Hexentag"). Der Samstag soll der Vorbereitung auf die Predigt dienen, der Kirchgang am Sonntag nicht durch Feiern bis tief in die Nacht erschwert werden. Am Sonntag soll nicht getanzt werden.

Ende des Jahrhunderts verlagert sich der Trautag von der Wochenmitte zum Wochenende bzw. auf den Montag. Diese Verlagerung steht in direktem Zusammenhang mit den berufsbedingten Arbeitszeiten und der geringen Zahl an Urlaubstagen. Unter der Fabrikarbeitern wird der Samstag als Hochzeitstag bevorzugt, so kann der arbeitsfreie Sonntag zum Fest hinzugenommen werden. Die Kirchen sträuben sich heftig gegen diese Praxis. Um die Jahrhundertwende ist unter den Fabrikarbeitern und Handwerkern auch der Montag als Trautag gebräuchlich. Als „Blauer Montag" kann er gelegentlich frei gemacht werden, ohne eine Strafe nach sich zu ziehen. Zudem finden Hochzeiten häufig am Montag nach dem „Zahltag" (Lohn) statt, der am Samstag ausbezahlt wird. In der Stadt wird schon Anfang des 19. Jahrhunderts der Samstag als Trauungstag gewählt.

„Der Tag der Hochzeitsfeier ist heute der Montag, der Fabrikarbeiter wegen, während früher Dienstag und Donnerstag die Hochzeitstage waren." (Meßstetten, Oberamt Balingen)

„Hochzeitstage: Montag, Dienstag u. Donnerstag." (Mettenberg, Oberamt Biberach)

„Die Hochzeit findet hier gewöhnlich am Montag oder Donnerstag statt, auch am Dienstag. Keine Hochzeiten finden in den von der katholischen Kirche als geschlossen erklärten Zeiten statt." (Treherz, Oberamt Leutkirch)

„Die meisten Hochzeiten werden am Dienstag oder Donnerstag gehalten, und zwar zu einer Jahreszeit, wo man auch Zeit dazu hat, also im Frühjahr nach der Saatzeit und vor der Fastnacht und im Herbst nach der Kirchweih bis zum Beginn der Adventszeit." (Heudorf, Oberamt Riedlingen)

Quellen: Bischoff-Luithlen, Höhn, Konferenzaufsatz

In einem stillen Winkel läßt sich gut plaudern. Allerdings ist die Zahl dieser trauten Plätzchen sehr geschmolzen,

Jakob Grünenwald (1821 – 1896), Auszug der Braut, um 1850
Öl auf Leinwand, 60 x 92 cm
Städtische Sammlung Ebersbach an der Fils

denn das Gaslicht macht die Nacht zum Tage." (Laichingen, Oberamt Münsingen)

Ziviltrauung

Da die Ehe als Grundlage der Familie, diese wiederum als Grundlage des Staates angesehen wird, wird die eheliche Verbindung im 18. Jahrhundert gesetzlich geregelt. Mit Inkrafttreten des „Reichspersonenstandgesetzes" am 1.1.1876 kann eine Ehe künftig nur von einem Standesbeamten in Gegenwart von zwei Zeugen rechtsgültig geschlossen werden („obligatorische Zivilehe"). Eine nach den Vorschriften des Kirchenrechts geschlossene Ehe ist nicht mehr wirksam. Der Standesbeamte händigt dem Brautpaar eine Trauungsurkunde aus.

Mit ihrer Unterschrift schließen die Eheleute einen „Eheschließungsvertrag". Dieser berücksichtigt drei Aspekte: Die Ehemündigkeit, die Geschäftsfähigkeit und das Familienverhältnis. Die Ehemündigkeit tritt nun bei Männern mit Vollendung des 20. und bei Frauen mit Vollendung des 16. Lebensjahres ein. Sie bedürfen der Einwilligung des Vaters, wenn der Sohn noch nicht das 25., die Tochter noch nicht das 24. Lebensjahr vollendet hat. Ausgenommen sind „Personen fürstlichen Standes", denen eine Eheschließung ein bzw. zwei Jahre früher gestattet ist. Militärpersonen, Landesbeamte und Ausländer brauchen die Erlaubnis der jeweiligen Behörde. Um die Geschäftsfähigkeit zu klären, geht der Eheschließung das „Aufgebot" voraus. Dieses muss zur Ermittlung von Eheverbotsgründen öffentlich ausgehängt werden. Die Frau hat den Namen des Mannes zu führen, mit ihm seinen Wohnsitz zu teilen, seine Staatsangehörigkeit anzunehmen und unentgeltlich Dienst in seinem Geschäft zu leisten.

Der zeitliche Abstand zwischen ziviler und kirchlicher Trauung wird unterschiedlich gehandhabt: Manche Paare gehen einen Tag vor der kirchlichen Trauung aufs Rathaus, andere verbinden den Gang zum Standesamt mit dem zur Kirche.

„Die standesamtliche Trauung wird hier am Tage vor der Hochzeit vollzogen." (Treherz, Oberamt Leutkirch)
„Die Ziviltrauung findet in der Regel unmittelbar vor der kirchlichen Trauung statt. Letztere vollzieht sich mit vorausgehendem Lobamt um 10 Uhr vormittags." (Reichenbach, Oberamt Saulgau)
Quelle: Konferenzaufsatz

Albrecht Anker (1831 – 1910), Die Ziviltrauung, 1887, Öl auf Leinwand, 77 x 127 cm
Kunsthaus Zürich

153 „*Nach dem Abhalten der Sponsalien im Pfarrhaus gehen die Brautleute ins Wirtshaus.*"

Zwangsheirat

„Ursprünglich beabsichtigte mein Vater eine Tochter des Freimaiers zu Ertingen zu heiraten. Allein die Ausführung des Planes scheiterte an dem, dass die Ausersehene in kein so ‚wüstes' altes Haus hineinheiraten wollte, wie mein Vater eines hatte. Da kam nun eines Tages ein Bekannter zu ihm, ein Weber, welcher ihm mitteilte, er habe bei Gelegenheit der Ablieferung eines Lodens zu Attenhöfen bei Zwiefalten ein paar hübsche heiratsfähige und nicht unvermögliche Bauerntöchter gesehen. Da wäre eine rechte für ihn. Er solle einmal mit ihm gehen und sich die Mädchen selbst ansehen. Das geschah. Die jüngere, meine Mutter, gefiel ihm am besten und so nahm er denn mit dem Stiefvater des Mädchens Rücksprache. Man kam überein, dass die Attenhöfer einmal zum ‚Besehen' heraufkommen sollten, was dann auch bald ausgeführt ward. Die, welche bei derlei Geschäften die Hauptrolle spielen, waren mit allen Verhältnissen wohl zufrieden, aber die, welche heiraten sollte, sagte nein, denn das Haus war auch ihr zu hässlich und zu klein. Aber die alten Bauern lassen sich durch solche Lappalien nicht aus der Fassung bringen.

Der Heiratstag wurde gehalten, der Hochzeitstag festgesetzt. Die weinende Braut ließ sich in den Pfarrhof schleppen und rüstete zur Hochzeit. Als man die Braut abholte, ereignete sich ein böses Omen. Der Wälder, sonst ein frommes Pferd, ward scheu und konnte nur mit Mühe in Lauf gebracht werden. Die Brautleute kamen Ertingenwärts zurück bis Neufra. Da kehrte man auf Bitten der Braut ein. Als man aber wieder aufbrechen wollte, fehlte die Braut. Man sucht und sucht, endlich sieht man sie in der Ferne ihrer Heimat zugehen. Der Bruder setzt ihr nach und bringt sie wieder mit. So kam dann die Ehe mit Not zusammen. Scherzend haben sie später öfter davon gesprochen. Denn nachdem sich die beiden kennengelernt hatten, lebten sie im besten Frieden und in aller Liebe freudig zusammen. Überdies war ja der Neubau eines stattlichen Bauernhauses in Aussicht genommen. Was die Mutter in den ersten Jahren allein noch trübte, war das missliche Verhältnis zu der Schwiegermutter."
Michel Buck: Die Schwaben. Körper und Geist, aus: Medicinischer Volksglauben und Volksaberglauben aus Schwaben. Eine kulturgeschichtliche Skizze, Ravensburg 1865

Stadt Müllheim im Markgräflerland

„1737 den 6. November ist Johannes Meyer von Mengen auf Serenissimi hohen Befehl (auf Befehl des Markgrafen) in der Kirchen allhier von dem Herrn Diacono Zandem mit Barbara Pfisterin, welche Meyer sub promissione matrimonii (unter dem Versprechen, sie zu heiraten) geschwängert, copuliert worden, und weil ersagter Meyer die Pfisterin absolut nicht heurathen wollen, ist er von 4 Wächtern armata manu (mit bewaffneter Hand) in die Kirche geführt, zum Altar hingeschleppt, seine Hand mit Gewalt in die Hand der Pfisterin eingeschlagen worden, und da er beständig „Nein" sagte: „Ich will sie nicht" etc. hat Herr Diaconus ex mandato Serenissimi (auf Befehl des Marktgrafen) „Ja" gesagt."
Quelle: Ebel

Stickbild
Garn auf Papier, 9,5 x 7 cm
Barockgalerie Ochsenhausen

Literatur

Adam, Birgit: Hochzeitsbräuche: traditionelle Formen und neue Varianten. Heyne-Verlag München 2006.

Atlas der Deutschen Volkskunde. Neue Folge. Matthias Zender (Hrsg.). Erläuterungen Bd. 1, Marburg 1959 – 1964.

Bächtold, Hanns: Die Gebräuche bei Verlobung und Hochzeit mit besonderer Berücksichtigung der Schweiz. 1.Band, Basel/Straßburg 1914.

Bindlingmaier, Maria: Die Bäuerin in zwei Gemeinden Württembergs. 1918. Nachdruck 1990.

Birlinger, Anton: Volksthümliches aus Schwaben. Sitten und Gebräuche. Freiburg 1862.

Birlinger, Anton: Aus Schwaben. Sagen, Legenden, Volksaberglauben. Wiesbaden 1874.

Birlinger, Anton: Aus Schwaben. Sitten und Rechtsbräuche. Wiesbaden. 2. Band. 1874.

Bischoff-Luithlen, Angelika: Von Amtsstuben, Backhäusern und Jahrmärkten. Stuttgart/Berlin 1979.

Bringemeier, Martha: Die Brautkleidung im 19. Jahrhundert. In: Museum und Kulturgeschichte. Festschrift für Wilhelm Hansen. Münster 1978.

Buck, Michel: Die Schwaben. Körper und Geist. In: Medicinischer Volksglauben und Volksaberglauben aus Schwaben. Eine kulturgeschichtliche Skizze. Ravensburg 1865.

Dünninger, Dieter: Wegsperren und Lösung. Formen und Motive eines dörflichen Hochzeitsbrauches. Berlin 1967.

Ebel, Wilhelm in: Zeitschrift für die Geschichte des Oberrheins, Nr. 28 (1876).

Gonser, Immanuel: Die Geschlechtlich-sittlichen Verhältnisse der evangelischen Landbewohner im Königreich Württemberg, dargestellt auf Grund der von der Allgemeinen Konferenz der deutschen Sittlichkeitsvereine veranstalteten Umfrage. Leipzig 1897.

Gross, Claus-Peter: 1871-1918. ... verliebt ... verlobt ... verheiratet. Unter Adlers Fittichen. Berlin 1986.

Große-Boymann, Andreas: Heiratsalter und Eheschließungsrecht. Münster 1994.

Höhn, Heinrich: Mitteilungen über volkstümliche Überlieferungen in Württemberg. Nr. 5. In: Württembergische Jahrbücher für Statistik und Landeskunde, Jahrgang 1904. S. 1 – 31. ebenso Nr. 6, S. 1 – 46.

Jockers, Inge: Geburt – Hochzeit – Tod. Zeitzeugen berichten 1900 – 1950. Museumserkundungen IV. Schwarzwälder Freilichtmuseum Vogtsbauernhof 2001.

Kallenberg, Dorothea: Was dr Schwob feiert. Feste und Bräuche in Stadt und Land. DRW-Verlag Stuttgart 1989.

Koch, Christiane: Wenn die Hochzeitsglocken läuten ... Glanz und Elend der Bürgerfrauen im 19. Jahrhundert. Marburg 1985.

Matz, Klaus-Jürgen: Pauperismus und Bevölkerung. Die gesetzlichen Ehebeschränkungen in den süddeutschen Staaten während des 19. Jahrhunderts. Stuttgart 1980.

Mooser, Josef: Familie, Heirat und Berufswahl. Zur Verfassung der ländlichen Gesellschaft im 19. Jahrhundert. In: Heinz Reif (Hg.): Die Familie in der Geschichte. Göttingen 1982.

Pahl, Johann Gottfried: „Ueber die Liebe unter dem Landvolk". In: „Die Einsiedlerin aus den Alpen", Monatszeitschrift, 1793, hrsg. von Marianne Ehrmann. Zitiert in: Bausinger, Hermann: Berühmte und Obskure. Schwäbisch-alemannische Profile. Tübingen 2007.

Pflug, Johann Baptist: Aus der Räuber- und Franzosenzeit Schwabens. Erinnerungen eines schwäbischen Malers aus den Jahren 1780–1840. Hrsg. von Max Zengerle. Weißenhorn 1966.

Riehl, Wilhelm Heinrich: Die Bürgerliche Gesellschaft, Stuttgart 1854.

Schirt, Joseph von: Medizinische Topographie des Fürstentums Ochsenhausen. Ulm 1805. In: Diemer, Kurt (Hg.). Edition Isele Konstanz 2006.

Unseld, Werner: Die Weiber seyen unterthon ihren Männern. In: Katalog Herd und Himmel. Frauen im evangelischen Württemberg. Ludwigsburg 1998.

„Mischehen"
Über den schweren Gang zum Altar

Maria E. Gründig

Viele Biberacher erinnern sich noch heute mit Unbehagen an die Folgen für jene junge Menschen, die sich in den „Falschen" oder in die „Falsche" verliebten: an jene Paare, bei denen die Konfession nicht übereinstimmte. Noch um 1960 galt eine Liebesbeziehung oder eine Heirat zwischen Mitgliedern unterschiedlicher christlicher Konfessionen als problematisch. Es gab damals wohl kein Elternpaar, das eine solche Verbindung seines Kindes nicht mit Sorge beobachtet hätte. Generationen von Biberacher Familien hatten schlechte Erfahrungen mit „gemischten Ehen" gemacht.
In der Stadt herrschten aufgrund der Tatsache, dass Katholiken und Protestanten in enger Nachbarschaft lebten – was bis nach dem Zweiten Weltkrieg in Deutschland die Ausnahme war – besonders „verwickelte Verhältnisse". In dieser seit Jahrhunderten bikonfessionellen Stadt kam es viel häufiger zu konfessionsverbindenden Liebesbeziehungen als im katholisch dominierten Oberschwaben oder anderen konfessionell einheitlichen deutschsprachigen Gebieten. Als um 1840 im preußischen Köln und kurz darauf auch in Württemberg der „Mischehenstreit" ausbrach, traf dies Biberach mit besonderer Macht. In diesem Streit zwischen katholischer Kirche und den Regierungen ging es primär um das Selbstbestimmungsrecht der Kirche: Mussten sich ihre Priester vom Staat zwingen lassen, Paare auch ohne garantierte katholische Kindererziehung zu trauen? War der deutsche Katholizismus nicht durch die vielen Tausend evangelisch erzogener Kinder aus diesen Ehen nicht in der Gefahr, auszusterben?

Zwischen den Fronten

Die Biberacher Liebes-, Braut- und Ehepaare gerieten rasch zwischen die Fronten der „hohen" Politik. Zum einen wurde die Stadt um 1850 von konservativen romtreuen Katholiken zum Austragungsort eines Kampfes gegen das Staatskirchentum Württembergs gemacht, in dem die evangelische Mehrheit die katholische Minderheit zu unterdrücken schien. Intern jedoch fühlten sich die evangelischen Biberacher unter Druck, weil ihr Bevölkerungsanteil aufgrund katholischer Zuziehender immer kleiner wurde und es absehbar war, dass sie ihre Mehrheit in der Stadt verlieren würden. Anders als in Württemberg oder

Preußen kämpften in Biberach beide kirchliche Gruppen um den Nachwuchs und um gesellschaftlichen Einfluss. Die Geistlichen beider Kirchen stigmatisierten und kriminalisierten konfessionell differierende Paare. Mit der Zeit entwickelte auch die Bevölkerung eine Abneigung gegen gemischtkonfessionelle Beziehungen. Sie wusste: Von Liebesbeziehungen zu „Wüstgläubigen" ließ man besser die Finger. Zu oft hatte man vom rüden Umgang mit konfessionell inhomogenen Paaren erfahren oder unmittelbar in der eigenen Familie erlebt. Die Beteiligten hatten nicht nur zwischen Verlobung und Hochzeit mit sozialem und kirchlichem Druck zu rechnen hatten, sondern auch zukünftig. Und meist waren nicht nur die beiden Verliebten betroffen, auch Eltern, Großeltern, Paten und Geschwister gerieten in die Schusslinien. In vielen Familien wurden harte Konflikte ausgetragen und Verletzungen zugefügt, die nie wieder heilten. Eltern warnten daher nicht grundlos auch noch vor 50 Jahren vor einer kirchlich und gesellschaftlich nicht tolerierten Liebesbeziehung.

Joseph und Christina 1803

Um 1800 hatte das noch ganz anders ausgesehen. Damals war die Heirat zwischen Katholiken und Protestanten fast „en vogue". Eine Ehe zwischen zwei Menschen verschiedener Konfession galt als Beleg für aufgeklärtes Denken, für Toleranz und Bildung. Sie war unter badischer Herrschaft legitimiert worden. Und so „heirathete [am 4. Juli 1803] Herr Baur, ... grosser Rath und Rothgerber, katholisch, eine Tochter des verstorbenen Herrn Senators Jonas Heiß, evangelischer Religion", wie ein Biberacher Chronist vermerkt. Joseph und Christina stammten aus der aufstrebenden, gegenüber Neuem aufgeschlossenen Bürgerschicht. Das Brautpaar selbst mag die Zeit um 1803 als eine schwierige Zeit erlebt haben. Biberach hatte soeben seine Selbstständigkeit als Freie Reichsstadt eingebüßt und war zu einer badischen Provinzstadt geworden; doch brachte die aufgeklärte Zeit „revolutionäre" Ideen von Individualismus und Selbstbestimmung in die Stadt. 1803 galt in Biberach der Code Civil Napoleons und damit die Religionsfreiheit, die prinzipiell die konfessionell freie Wahl des Ehepartners gestattete. Heiratsbeschränkungen, wie sie in reichsstädtischer Zeit galten (und auch später wieder Geltung besitzen sollten), waren merklich gelockert. Auch waren viele katholische und evangelische Geistliche um 1800 offen für die neuen Ideen.

Um 1803 rechnete die Avantgarde zudem mit der Einführung der standesamtlichen Eheschließung und mit der baldigen Wiedervereinigung der beiden christlichen Kirchen. In dieser Stimmung stellte eine Ehe unter Christen unterschiedlicher Konfession kein Problem dar.

Das änderte sich rasch. Schon 1814 musste sich der für Biberach zuständige Verweser des Bistums Konstanz, Ignaz Heinrich von Wessenberg, in Rom gegen den Vorwurf verteidigen, Hochzeiten konfessionell heterogener Brautpaare ohne Einhaltung der kirchlichen Regeln zugelassen zu haben. Das hieß: Ohne der Sakramentenlehre zu entsprechen, ohne die Garantie zu haben, dass die Kinder der katholischen Kirche zugeführt wurden und ohne Einholung einer Dispens, die wegen Konfessionsverschiedenheit nötig ist. Diese zum Teil Jahrhunderte alten kirchlichen Regeln, die oft nicht umgesetzt und daher ‚vergessen' worden waren, wurden nun – je später, desto unnachgiebiger – von Rom eingefordert. Auch das staatliche Recht schränkte bald die Verehelichungsfreiheit ein. In Württemberg koppelte man um 1828 die Freiheit zu Heiraten grundsätzlich an den Vermögensbesitz. Über 60 Prozent der Biberacher durften sich somit nicht verehelichen; sie lebten das „Armenzölibat" oder zogen ihre Kinder unehelich auf. Diejenigen, die heiraten durften, zeigten sich um 1830 gegenüber der neuen Zeit sehr aufgeschlossen. Mehr als 25 Prozent der Biberacher Brautpaare heirateten in jenen Jahren ohne Rücksicht auf die Konfession der Partnerin oder des Partners. Zu dieser Zeit hatten sich der romorientierte Teil der katholischen Kirche und regierungskritische, katholische Laien vor allem aus Oberschwaben gegen „gemischte" Ehen eingeschossen.

Karl und Mathilde

Wie 1803 die Familien Heiß und Baur, waren um 1844 auch die Familien Em(m)inger und Kolesch „alteingesessene" Biberacher Familien. Doch anders als das Brautpaar Heiß/Baur trafen Karl Emminger und Mathilde Kolesch auf eine andere Stimmung in der Stadt, zumindest bei dem für den Bräutigam zuständigen Pfarrer. Wie viele andere Biberacher Burschen hatte sich auch Karl in eine „Evangelische" verliebt. Er wollte nun den üblichen Regeln genügen und im katholischen Ritus heiraten. So bestellte der Bräutigam bei dem wenige Monate zuvor nach Biberach gekommenen Pfarrer Georg Kautzer das Aufgebot. Allerdings verweigerte sich dieser der Eheschließung. Karl solle zuvor garantieren, dass die Kinder aus dieser Ehe katholisch getauft und erzogen werden würden.

Das konnte und wollte Karl Emminger nicht zusagen und wäre gerne zu einem anderen Pfarrer ausgewichen. Doch Pfarrer Kautzer widersetzte sich diesem Ausweg, denn er wollte, wie er später ausführte, seine Kollegen nicht in Gewissenkonflikte bringen. Es schien keinen Ausweg für Karl Emminger zu geben: Als katholischer Württemberger musste er in katholischem Ritus heiraten. Das war die Voraussetzung, um auch im bürgerlichen Leben als verheiratet zu gelten. Die standesamtliche Trauung wurde erst 1876 eingeführt. Das Brautpaar beriet sich nun mit dem Pfarrer der Braut, der Rat beim evangelischen Generalat in Ulm suchte. Ulm lenkte die Anfrage an das Konsistorium in Stuttgart weiter, welches wiederum das Innenministerium befragte. Dieses dispensierte das Brautpaar rasch von der Verpflichtung, nach katholischem Ritus zu heiraten, und so konnte am 25. August 1845 in der Biberacher Stadtpfarrkirche – bis heute ein von der evangelischen und der katholischen Kirchengemeinde gemeinsam („simultan") genutztes Gebäude – die Hochzeit gefeiert werden.

Ende gut – alles gut?

Der Skandal war perfekt. Und dieser hatte, das mussten Mathilde und Karl jetzt erkennen, eine lange Vorgeschichte: Schon 1837 war in Köln wegen der Weigerung, konfessionell heterogene Eheleute ohne Erziehungszusage zu trauen, Erzbischof Clemens von Droste-Vischering von der preußischen Regierung gefangen genommen worden. Im Februar 1840 war der Theologe Joseph Mack, Professor für Moraltheologie an der Universität Tübingen, wegen der Schrift „Über die Einsegnung der gemischten Ehen" auf eine Pfarrei versetzt worden. Überregional hatte die Presse ausführlich über diese Vorgänge berichtet; Rom und der Schweizer Nuntius beobachteten diese Fälle mit noch wacheren Augen als bisher. Letztendlich ging es nicht nur um die Hochzeiten von konfessionell heterogenen Brautpaaren und um das Bekenntnis der künftigen Kinder: Es war vor allem ein Kampf um politischen Einfluss, ein Konflikt zwischen regierungskritischen „Neuwürttembergern" aus ehemals frei regierten katholischen Gebieten und der protestantisch dominierten württembergischen Regierung in Stuttgart. Der Kampf um den durch Protestanten „gefährdeten" Katholizismus wurde das einigende Thema der Regierungskritiker in Oberschwaben. Der Streit um den konfessionellen Gegensatz und um verletzte religiöse Gefühle sollte in ganz Oberschwaben eine regierungskritische Einigungsbewegung unerwarteten Ausmaßes entstehen lassen.

Nach der Hochzeit ging der Streit in Württemberg und in Biberach weiter: Pfarrer Kautzer wurde durch die Regierung von Biberach abberufen und nach Hohenlohe versetzt. Die katholische Presse berichtete überregional und regional, so dass die Bevölkerung Oberschwabens über die antikatholisch und protestantenfreundlich bewertete Politik Stuttgarts bestens unterrichtet schien. Viele katholische Familien in ganz Oberschwaben waren emotionalisiert. Fast 2000 Oberschwaben – darunter nur 240 Biberacher – setzten ihre Unterschrift unter ein Schreiben an den Bischof der Diözese Rottenburg, Johann B. Keller. Darin wurde dieser aufgefordert, Georg Kautzer wieder in Biberach einzusetzen oder die Investitur eines Nachfolgers zu verweigern. Das tat Bischof Keller jedoch nicht. Als aufgeklärter Theologe war er auf friedliche Koexistenz aus. Doch in Oberschwaben wurde weiter gekämpft: Zu Kautzers Abschiedsmesse kamen 1846 im August 6.000 Menschen nach Biberach. Es wurde eine Demonstration des „katholischen Volkes" gegen die Regierung, ein Zeichen für die Stärke des ultramontanen, also papstfreundlichen politischen Katholizismus.

Das Ende – eine gutes Ende?

Auch nach der Hochzeit kam das junge Ehepaar nicht zur Ruhe. In und um Biberach kursierte das Gerücht, das Brautpaar habe Pfarrer Kautzer in Stuttgart denunziert. Biberacher Katholiken, vor allem aber Katholiken aus der ländlichen Umgebung, boykottierten nun die Flaschnerei und das Ladengeschäft der Familie Emminger. Deren Versuche, in der örtlichen Zeitung das Gerücht zu widerlegen, änderte die Situation jedoch nicht. 1848, in einer von der deutschen Revolution, aber auch von Konkurrenz- und Verdrängungskämpfen geprägten Zeit, verkaufte Karl Emminger die erst wenige Monate zuvor von seinem Vater übernommene Wohnung Marktplatz 14 und den Laden zur Radgasse an einen Verwandten seiner

Bernhard Strigel (um 1460 – 1528)
Vermählung der Maria, um 1510/20
Öl auf Holz, 78 x 43 cm
Staatsgalerie Stuttgart

zur nächsten Hochzeitsfeier ein." (Spindelwag, Oberamt Leutkirch)

Frau. Mathilde und Karl wanderten in die USA aus, wo sich ihre Spuren verlieren. Spätestens nach diesem Skandal war jungen Menschen in Biberach klar: Es war besser, „unter sich" zu bleiben. Das war leichter möglich als früher, denn durch die Liberalisierung der in der Revolution von 1848 erkämpften Presse- und Versammlungsfreiheit änderten sich das öffentliche Leben und die Freizeitkultur merklich. Die Jugend traf sich nunmehr in neu gegründeten kirchlichen Vereinen. Der Heiratsmarkt schien stärker vorgegeben denn je. Trotzdem blieb der Anteil konfessionell heterogener Brautpaare hoch. Während er in den zum Deutschen Reich gehörenden Gebieten zwischen vier (1840) und sieben Prozent (1900) lag, erreichte er in Biberach zur selben Zeit noch immer 15 bzw. 25 Prozent.

Rigider Kampf um die Bevölkerungsmehrheit

Im letzten Jahrhundertviertel und zu Beginn des 20. Jahrhunderts wurde der Kampf gegen „gemischte Ehen" großflächig und unnachgiebiger geführt als zuvor. Doch war dies nur ein Konfliktherd unter vielen. Ob es um die Unfehlbarkeitserklärung des Papstes oder um die Verurteilung des „Modernismus" ging: In Biberach war man immer direkt betroffen. Mit der Reichsgründung unter der Vorherrschaft Preußens wuchsen die Ängste mancher Katholiken vor „Verprotestantisierung", wie es schon seit 1837 während der Kölner Wirren und seit 1850 im badischen Kulturkampf erlebt worden war. Gleichzeitig befürchteten die Protestanten Biberachs, „minorisiert" zu werden. In der Tat stammte die Mehrheit der Zuziehenden aus dem katholischen Umland, sodass der Anteil der evangelischen Bürgerschaft kontinuierlich abnahm. Dass es nicht schon 1875 zu konfessionellem Streit kam, ist den friedliebenden Geistlichen beider Kirchen zu verdanken. Spätestens im Jahr 1900 war diese Phase vorbei. Zurückgreifend auf die päpstlichen Verlautbarungen aus vergangenen Jahrhunderten und auf neue päpstliche Verlautbarungen – die Bulle Provida Solersque von 1906 oder Ne Temere von 1908 – waren die katholischen Geistlichen Müller und Späth in der Lage, die katholischen Heiratswilligen stärker als je unter Druck zu setzen. Das 1917 neu formulierte katholische Kirchenrecht bestätigte die Formulierungen dieser Texte. 1922 wirkte ein Hirtenbrief der deutschen katholischen Bischöfe noch immer stigmatisierend. Noch 1958 riefen katholische Bischöfe die Eltern dazu auf, Einfluss auf den Umgang ihrer Kinder zu nehmen.

So unterstützt, agierten katholische Geistliche in Biberach meist rigider als ihre evangelischen Kollegen. Den katholischen Christen wurde eingeschärft, dass die Ehe ein besonderes, ein Gnaden spendendes „Sakrament" sei. Auf dieses zu verzichten hieße, ohne kirchlichen Segen leben zu müssen. Rasch waren den Betroffenen auch die Strafen klar: Wer das Versprechen der katholischen Kindererziehung nicht einhielt, dem konnte die Absolution nach einer Beichte verweigert werden, der durfte nicht Kommunizieren. Mancher Geistliche drohte auch damit, dem Abweichler ein christliches Begräbnis zu verweigern. Selbst die Exkommunikation wurde angedroht.

Dass eine „gemischte Ehe" sei per se zum Scheitern verurteilt sei, darin waren sich die Geistlichen beider Konfessionen einig. Solche Ehen galten als instabil, eine höhere Scheidungsrate und eine geringere Kinderzahl schien dies zu bestätigen. Als ein „großes Unglück" wurden diese Verbindungen von beiden Kirchen empfunden. Die evangelische Kirche hatte der katholischen Politik zunächst wenig entgegenzusetzen. Schon Martin Luther galt die Ehe als „weltlich Ding", aus der sich die Kirche folglich weitgehend heraushielt. Doch in der Jahrhundertmitte begann auch sie sich zu wehren. Die Stuttgarter Kirchenleitung rief ihre Geistlichen auf, in den Gemeinden intensiv vor konfessionell heterogenen Beziehungen zu warnen und sie, wo immer es ging, zu verhindern. In Biberach war abzusehen, dass der evangelische Bevölkerungsanteil bald unter 50 Prozent sinken würde. Nun wurden die jungen Menschen in der Schule, im Gottesdienst, beim Konfirmationsunterricht und in der Christenlehre eindrücklich über die „Gefahren" einer konfessionell nicht homogenen Ehe aufgeklärt. Man machte ihnen klar, dass sie den evangelischen Glauben „verleugneten" und „unkirchlich" seien; außerdem verlören sie das aktive und passive kirchliche Wahlrecht. Noch 1959 erklärte der Evangelische Bund, dass sich die Kirche gegen den Katholizismus mit „allen zur Verfügung stehenden Mitteln" behaupten müsse.

Karolinas schwere Last

Als Folge diese Sondersituation entwickelte sich in Biberach eine besonders engmaschige Kontrolle der Jugend. Um Diskriminierung zu entgehen, verheimlichten die jungen Menschen ihre Liebesbeziehungen.

Erfuhren die Pfarrer trotzdem von einer unpassenden Liebschaft, bestellten sie das Pfarrkind ins Pfarrhaus ein und stellten es zur Rede. Wurde dagegen schon das Aufgebot bestellt, suchten die Pfarrer die Eltern auf und verlangten, dass sie die Eheschließung untersagten.

Gut belegbar sind in Biberach diejenigen Fälle, bei denen ein auswärtiges „Pfarrkind" betroffen war und der Schriftverkehr archiviert wurde. 1910 wollte die aus Laupheim stammende Katholikin Karolina Niederwieser einen evangelischen Biberacher heiraten. Pfarrer Späth bat seinen Laupheimer Kollegen in einem Brief um einen Besuch im Elternhaus von Karolina. Er solle eine evangelische Heirat verhindern. Der Laupheimer Pfarrer entsprach der Bitte und berichtete nach Biberach, dass die Familie bereits alles versucht habe. Doch habe Karolina nicht eingelenkt, darüber sei „der Vater der Karolina im Schmerze über den Entschluß seiner ungeratenen Tochter gestorben". Es ist nachzuvollziehen, dass diese Ehe – wie wohl alle konfessionell differierenden Ehen – unter einem immensen Druck geschlossen wurden und von Beginn an einer besonderen psychischen Belastung ausgesetzt waren.

Elisabeth Buck und ihre Kinder

Auch nach einer „unkatholisch" geschlossenen Hochzeit waren die Partner nicht sicher vor den Angriffen der Geistlichen. Besonders bei Verwitwung und Wiederverheiratung achteten sie streng darauf, dass die Tauf- und Erziehungsversprechen in den neuen Ehen eingehalten wurden. Elisabeth Buck war in erster Ehe mit Vinzenz Romer verheiratet. In dieser katholischen Ehe wurden drei Töchter geboren. Die Ehe zerbrach jedoch und wurde geschieden. 1874 heiratete Elisabeth, die inzwischen zum Deutschkatholizismus konvertiert war, Wilhelm Wörnle, ebenfalls Deutschkatholik und Redakteur der freisinnigen Zeitung „Wacht in Oberschwaben". Nachdem Wörnle die Kinder seiner Frau adoptiert hatte, wollte das Ehepaar den Übertritt der Kinder von der katholischen in die deutschkatholische Kirche erreichen. Dies verhinderten der leibliche Vater und die Großeltern Romer. Doch mit dem Erreichen der „Unterscheidungsjahre", also mit Beginn des 14. Lebensjahres, konvertieren die Töchter. 1881 lag Ursula, die älteste Tochter, im Sterben. Der katholische Pfarrer Karl Müller war von Ursulas Großmutter Theresia Romer zu

Eheschließungsregister Biberach, 1. Band 1876
Stadtarchiv Biberach

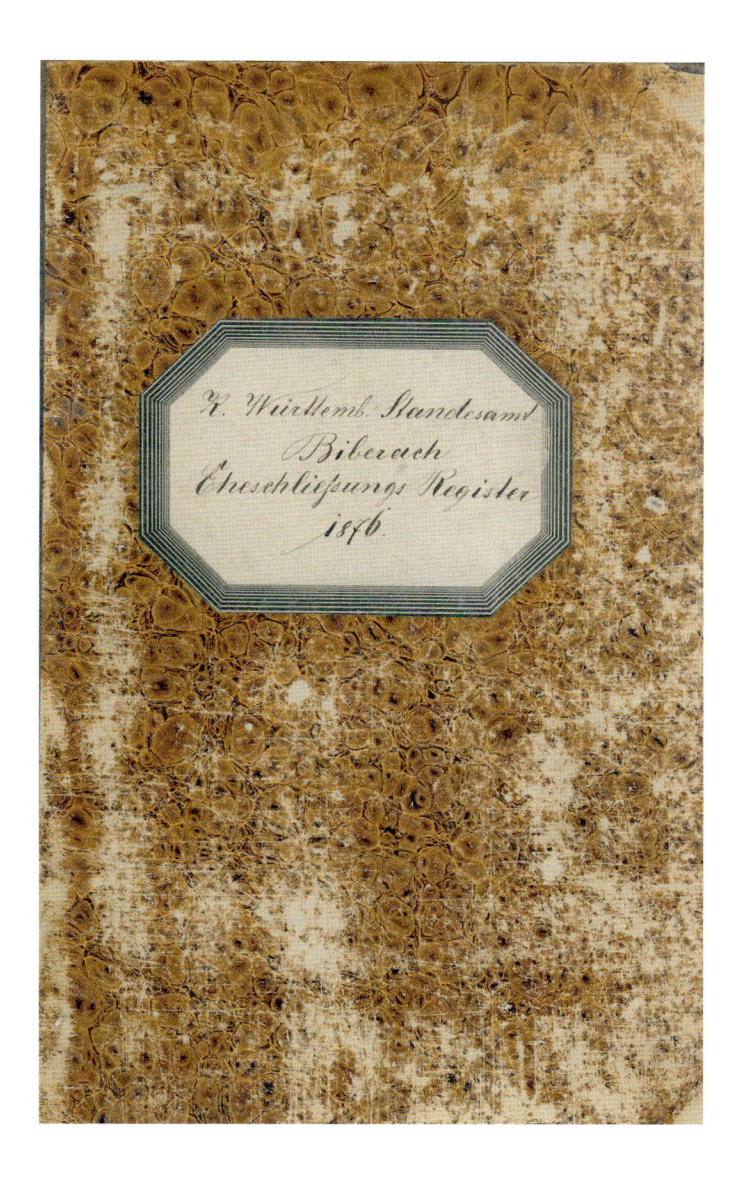

der Todkranken ins Haus der Familie Wörnle gerufen worden, um der bewusstlosen Neunzehnjährigen die Sterbesakramente zu spenden. Allerdings hinderte Wilhelm Wörnle den Pfarrer daran, das Sterbezimmer zu betreten. Ursula, so erklärte er, sei keine Katholikin und benötige daher keine Sterbesakramente. Pfarrer Müller, der von Großmutter Romer darüber informiert worden war, dass ihre Enkelin erst vor Kurzem gebeichtet und die Kommunion empfangen habe, innerlich also Katholikin geblieben sei, musste unverrichteter Dinge das Haus verlassen. Darüber war der Geistliche sehr empört und behauptete öffentlich, Wilhelm Wörnle habe den Kirchenaustritt seiner Stieftochter erzwungen. Nun verlangte Wörnle von Pfarrer Müller eine Richtigstellung, worauf dieser rasch einlenkte. Der Fall schien abgeschlossen, zumal Wörnle deeskalierend wirkte und die Geschichte nie in seiner Zeitung verwertete. Allerdings wechselte er bald die Stelle. Um 1890 wurde die „Wacht in Oberschwaben" von Pfarrer Müller und einigen Freunden aufgekauft und, wie er schrieb, „unschädlich" gemacht. Wörnle und seine Familie zog um 1890 von Biberach weg und wanderte nach Holy Oaks, Delaware, aus.

1852 forderte ein landeskirchlicher Erlass die Pfarrer auf, eine Mischehenstatistik zu führen. Man wusste, dass in katholischen Ehen durchschnittlich mehr als fünf Kinder geboren wurden, in evangelischen dagegen nur knapp vier. Um 1865 begann auch die katholische Kirche mit der Erhebung von Zahlen. Mit Gründung des Deutschen Reiches entwickelte sich zudem die staatliche Statistik. Um 1900 machten die Statistiker folgende Rechnung auf, die die Vertreter der beiden großen Kirchen offenbar sehr erschreckte: Da seit 1870 im Deutschen Reich jedes Jahr etwa 20.000 Paare eine „gemischte Ehe" eingingen und in diesen mindestens drei Kinder geboren worden seien, summiere sich das in dreißig Jahren auf 1,8 Millionen Kinder. Die Kirche nahm an, dass diese Kinder konfessionell zumindest indifferent erzogen werden würden. Da 1876 zudem die standesamtliche Trauung verpflichtend eingeführt wurde, konnten sich Brautpaare dem Zugriff der Kirchen entziehen. Dies trug sicherlich dazu bei, dass die Kirchen um 1900 neue und rigidere Sanktionsmittel im Kampf gegen konfessionell heterogene Braut- und Ehepaare einsetzten als bisher.

Die Geldbremse

In Biberach erklärte 1891 der evangelische Pfarrer Werner seiner Kirchenbehörde die ungewöhnlich hohe Zahl der nach katholischem Ritus geschlossenen Ehen und die damit verbundenen Erziehungszusagen mit der „Freigebigkeit der katholischen kirchlichen Kassen und Schulstiftungen". Tatsächlich besaß die katholische Kirche in Biberach aus reichsstädtischer Zeit viele Schulstipendien, aber auch die evangelische Kirche war finanziell gut ausgestattet. So lassen sich in den beiden Kirchenarchiven Fälle finden, in denen Geld als Argumentationshilfe eingesetzt wurde.

Ein Fall ereignete sich 1897. Die Katholikin Maria Schlaukirch hatte in zweiter Ehe einen evangelischen Biberacher nach katholischem Ritus geheiratet. Aus dieser Ehe gingen vier Kinder hervor. Die Familie war darüber in finanzielle Schwierigkeiten geraten und Maria Schlaukirch bat den katholischen Pfarrer Müller um finanzielle Hilfe, die er ihr zunächst nicht gewährte. Sie erklärte ihm nun, dass man ihr und ihrem Bräutigam „seinerzeit" versprochen habe, im Notfall die Kinder finanziell abzusichern. Deshalb hätten sie „katholisch" geheiratet und katholischer Kindererziehung zugestimmt. Von Pfarrer Müller danach gefragt, ob sie keine Hilfe von der Familie ihres Mannes erhalten könne, antwortete sie, dass diese nur dann helfen würden, wenn die Kinder künftig evangelisch erzogen würden. Pfarrer Müller stellte nun – offenbar widerwillig – einen Essensgutschein für zehn Tage aus. Dieser wurde ihm jedoch nach wenigen Tagen zurückgebracht. Marias Ehemann teilte Pfarrer Müller in einem Brief mit, dass er seine Kinder nun evangelisch werden lasse. Er sei „von höherer Stelle darauf gedrungen" worden. Pfarrer Müller schien nun alarmiert und fragte nach, wer diese „höhere Stelle" sei. Ihm wurde gesagt, dass der evangelische Pfarrer aus der Heimatgemeinde von Hermann Schlaukirch finanzielle Hilfe zugesagt habe, wenn dieser seine Stiefkinder künftig im evangelischen Glauben zu erziehen verspräche. Außerdem habe der Geistliche mitgeteilt, dass der Wille des verstorbenen Ehemanns und Vaters der Kinder nach dessen Tod nicht mehr gelte, so dass die Erziehung im evangelischen Glauben „ganz gut gehe". Tatsächlich wurden die Kinder umgetauft und besuchten künftig evangelische Schulen.

Babette Kloos – „evangelisch werden" oder „in die Riß"

Der Fall der evangelischen Babette Kloos, die in katholischem Ritus geheiratet hatte, belegt ebenfalls, dass Geld bei der Hochzeit eine Rolle spielte. Babette Kloos war hoch verschuldet, ihr Ehemann krank. Das Haus, in dem die siebenköpfige Familie und ihre betagte Mutter wohnten, sollte der Zwangsvollstreckung anheimfallen. Sie bat Pfarrer Müller, ihr aus der katholischen Kasse Geld für die Stundung des Darlehens zur Verfügung zu stellen. Sie habe zwar, wie sie versicherte, ihre Kinder nicht wegen der Unterstützung katholisch werden lassen; wenn sie aber keine Hilfe erhalte, müsse sie ihre fünf Kinder „ab jetzt in die evangelische Schule schicken". Dort habe man ihr Hilfe für die Beschaffung von Schulbüchern angeboten und die Übernahme des Schulgeldes in Aussicht gestellt. In einem Brief legte sie dar, dass ihr keine Wahl bliebe: Entweder nehme sie die Hilfe der evangelischen Kirche an – was evangelische Erziehung und Schulwechsel für die Kinder bedeutete – oder sie müsse sich „aus Verzweiflung ... samt meiner fünf Kinder in die Riß" stürzen. Als die katholische Kirchenverwaltung eine Stundung der Zinsraten ablehnte, machte sie ihre Drohung wahr und teilte Pfarrer Müller mit, dass sie ihre Kinder „evangelisch werden" ließe: „Geehrter Herr Stadtpfarrer, wenn das [die Verweigerung von Hilfe, A.d.V.] keine Sünde ist, so halt ich es auch für keine Sünde, wenn ich meine Kinder evangelisch werden lasse, ... ob es mein Mann haben will oder nicht. Da man mich in dieses Unglück stürzt, hab ich Beweis, dass ich später auch keine Hilfe hab."

Wenn die Angaben von Maria Schlaukirch und Babette Kloos der Realität entsprechen, sahen sich die Betroffenen vor der Eheschließung richtiggehend umworben. Ihre konfessionelle Entscheidung wurde mehr denn je von finanziellen Überlegungen abhängig gemacht. Konfessionszugehörigkeit schien in gewissem Sinne käuflich geworden zu sein.

Die beiden Weltkriege, vor allem aber die Vertriebenenströme nach 1945 veränderten die konfessionelle Landkarte der Bundesrepublik grundlegend. Zudem wandelten sich die Einstellungen der Gläubigen und der kirchlichen Deutungseliten. Die katholische Kirche nahm im Zweiten Vatikanischen Konzil 1963 Abschied von dem Gedanken, die einzige „Kirche Gottes" zu sein. Damit wurde Ökumene möglich und in den Bistümern und Diözesen Deutschlands mit Energie vorangebracht.

Die evangelische Kirche beobachtete die Öffnung des Katholizismus aufgeschlossen und interessiert, aber auch mit Bedacht. Für sie war der künftige Umgang mit konfessionell heterogenen Paaren der Prüfstein, an dem die Ernsthaftigkeit des „Aggiornamento" gemessen werden konnte. Tatsächlich wuchs damals eine junge konzilbegeisterte Kleriker- und Laiengeneration heran, die kraftvoll die Gedanken der Erneuerung und der Ökumene in den katholischen Gemeinden zu realisieren suchte.

Auch wenn eine päpstliche Verlautbarung von 1970 noch immer 17 Bedingungen für eine Eheschließung zwischen getauften Christen und Katholiken oder Nichtchristen benennt, so ist die nachkonziliare Eheschließungspraxis sehr vereinfacht. Kirchliche Eheschließungen zwischen Katholiken und Protestanten sind heute alltäglich und problemlos möglich.

Literatur:
Maria E. Gründig: „Verwickelte Verhältnisse". Folgen der Bikonfessionalität im Biberach des 19. und beginnenden 20. Jahrhunderts. Tübingen/Epfendorf 2002. – Adrian Loretan: Das Sakrament der Ehe. Theologische und kirchenrechtliche Fragen. Vorlesung zum kanonischen Eherecht. Vorlesung SS 2007 an der Theologischen Fakultät der Universität Luzern. http://www.unilu.ch/deu/detailseite54588_54588.aspx (28.12.2009). – Kirchliches Handbuch für das katholische Deutschland, Band 1-22. Freiburg 1908-1942. – Königlich württembergische Hof- und Staatshandbücher 1808ff. / Württembergische Jahrbücher für Statistik und Landeskunde / Württemberg / Statistisch-Topographisches Bureau. Stuttgart 1863-1965.

Mazel Tov – Viel Glück!
Jüdische Hochzeiten in Oberschwaben

Andrea Hoffmann

Jüdische Hochzeiten in Oberschwaben gehören der Vergangenheit an. Sie sind Teil einer untergegangenen und zerstörten Welt. Es gibt hier keine Synagogen und seit 1942 keine jüdischen Gemeinden mehr. Früher bestanden in Buchau, Kappel und Laupheim, in Buttenhausen und Ulm blühende Gemeinden. In vielen weiteren Städten und Dörfern des Oberlandes lebten jüdische Familien. Das „jüdische Oberschwaben" stand in einem vielfältigen Miteinander, Nebeneinander und zuweilen auch Gegeneinander mit der christlichen Mehrheitsgesellschaft. Man kannte einander, begegnete sich im Geschäftsleben, in der Lokalpolitik und in Vereinen.

Trotz des gemeinsamen Lebens im Heimatort gab es für Juden und Christen stets getrennte Welten – im häuslichen Alltag und in der Religionsausübung. In den überschaubaren Landgemeinden hatte das religiöse Leben jedoch eine öffentliche Seite, die alle Einwohnerinnen und Einwohner gleichermaßen beobachten und miterleben konnten: Die Eheschließungen. Eine jüdische Hochzeit war ein öffentliches Ereignis, das zwar Trennendes betonte – man heiratete nur untereinander und nach jüdischem Ritus –, das aber auch Schnittmengen bildete, denn Christen waren zu den Hochzeitsfeiern eingeladen.

Juden in Oberschwaben

Juden lebten – mit Unterbrechungen – über Jahrhunderte als Minderheit in Oberschwaben. Die überwiegende Mehrheit in Oberschwaben war katholischen Glaubens. Erst nach dem Übergang an das neu gegründete Königreich Württemberg wuchs der Anteil der Protestanten. Nur zwei jüdische Gemeinden gab es im so genannten Neu-Württemberg: In der vom reichsfreien Damenstift dominierten freien Reichstadt Buchau am Federsee sowie im österreichischen Lehen der Herren von Welden, Laupheim. In Buchau lebten Juden seit dem 16. Jahrhundert. Die Laupheimer Gemeinde war jünger, erst 1724 wurden vier jüdische Familien unter strengen Bedingungen als so genannte Schutzjuden in der Stadt aufgenommen.

Um 1800 lebten im Herzogtum Württemberg 534 Juden. 1828 zählte man in 80 Orten Württembergs bereits 9.991 Juden. In 69 Orten gab es eigene jüdische Gemeinden, die 57 Synagogen und 23 Friedhöfe einschlossen. 51 Rabbiner, 67 Vorsänger und 22 Lehrer taten ihren Dienst. Das aus dem protestantischen Herzogtum hervorgegangene junge Königreich sah sich in der Position, mehrere Konfessionen verwalten zu müssen – auch die Juden, denen das Wohnen im Herzogtum Württemberg seit 1498 verboten gewesen war. In „Luthers Spanien", wie man das streng protestantische Württemberg zuweilen nannte, lebten nun etwa 432.000 katholische und 8.300 jüdische Untertanen. 1817 lebten über 90 Prozent der Juden auf dem Lande, in Dörfern oder Kleinstädten. Die Auswanderung nach Amerika und der Umzug in größere Städte veränderten das Bild: 1930 lebten nur noch etwa 20 Prozent der württembergischen Juden auf dem Lande.

Ab 1832 war die württembergische „Israelitische Religionsgemeinschaft" – so die offizielle Bezeichnung – in 13 Rabbinate mit 41 Gemeinden unterteilt. Ein Rabbinat war einem Kirchspiel oder einem Pfarrbezirk vergleichbar. Neben einer Synagoge und einer Kultusgemeinde musste ein Rabbinat über einen Rabbiner verfügen, dessen Rolle der eines Pastors oder Pfarrers entsprach. Im Donaukreis, dem südlichsten Verwaltungsbezirk, lagen als Rabbinatssitze die Städte Buchau (mit dem nahen Kappel, das eine eigene Synagogengemeinde hatte) und Laupheim, sowie die Dörfer Buttenhausen und Jebenhausen. Juden und Christen lebten in den oberschwäbischen Rabbinaten Buchau und Laupheim seit langem zusammen. Beide Städte konkurrierten mit wechselndem Erfolg um den Titel der „größten jüdischen Gemeinde Württembergs."

Der Rabbinatsbezirk Buchau war einer der ausgedehntesten in Württemberg, seine Zuständigkeit reichte bis nach Leutkirch. Er umfasste nahezu das ganze südliche Oberschwaben. Aus Ravensburg, Isny, Wangen, Weingarten oder Saulgau kamen die Gläubigen hierher zu den Gottesdiensten. In der ersten Hälfte des 19. Jahrhunderts war knapp ein Drittel der Buchauer Einwohner jüdischen Glaubens. Durch Abwanderung, vor allem nach Ulm, München und Stuttgart, ging die Zahl der jüdischen Einwohner kontinuierlich zurück. 1896 zählte Buchau 99 jüdische Familien mit 356 Seelen, 31 Kinder besuchten die jüdische Volksschule. In Ravensburg lebten 17 Familien mit 77 Seelen. Zur gleichen Zeit umfasste Laupheim 490 Seelen in 120 Familien. Die größte Gemeinde war zu diesem Zeitpunkt bereits Ulm mit 645 Juden in 172 Familien. Auch Riedlingen mit 15 Personen, Biberach mit 19 Personen und das bayerische Neu-Ulm mit

109 Personen gehörten zum 1889 neu gegründeten Rabbinatsbezirk Ulm. Im Gegensatz zum Rabbinat Laupheim, das mit der Pensionierung des letzten Rabbiners Dr. Leopold Treitel am 1. April 1923 aufgelöst worden war, bestand das Rabbinat Buchau nach der Zerstörung der Synagoge am 9. November 1938 noch bis zum 13. Juli 1939.

„Israelitische Landeskirche" als Vereinheitlichung

Der württembergische Staat hat viel daran gesetzt, die Religionsausübung der Juden derjenigen der Christen anzugleichen. Wie Katholiken und Protestanten sollten auch die Juden im Staatskirchentum erfasst werden. Die staatlichen Maßnahmen sahen zum Beispiel vor, dass alle Juden einer „Kirchengemeinde" mit Synagoge angehören mussten. Die Gemeinde durfte ihren Rabbiner nicht mehr wie früher selber aussuchen, sondern er wurde von der Staatbehörde ernannt. Das Berufsbild des Rabbiners wandelte sich in Folge dieser Veränderungen vom talmudisch gebildeten Lehrer und Richter der Gemeinde zum akademisch gebildeten „Geistlichen" wie ihn die christlichen Kirchen kannten. Überhaupt wurde die Organisation der „Israelitischen Kirche" derjenigen der christlichen Kirchen des Landes angeglichen; eine israelitische Oberkirchenbehörde mit dem Oberkirchenrat leitete die Geschicke der Religionsgemeinschaft.

Seit 1828 war in den Synagogen eine Predigt vorgeschrieben, ab 1835 war eine Amtstracht erforderlich, die den Rabbiner zwang, einen Talar mit so genannten Mosestäfelchen („Beffgen") zu tragen. Die „Bar-Mizwa" sollte zur Quasikonfirmation ausgestaltet werden. Wenn nun Christen einen Gottesdienst in der Synagoge besuchten, war der Rabbiner ähnlich angezogen wie ein evangelischer Geistlicher. Die Predigt erfolgte in deutscher Sprache und man erfuhr weitaus weniger Fremdheit als noch im ausgehenden 18. Jahrhundert. Eine ähnlich umfassende und tiefgreifende Umstrukturierung gab es weder bei der katholischen noch bei der evangelischen Kirche. Sie schlug sich auf viele Teile des Kultus nieder, so dass das Beibehalten der Hochzeitsrituale fast schon wie eine Art Folklore anmutete.

Schadchen und Nedunje: Vom Zusammenkommen

Da Juden bis 1876 von Gesetzes wegen nur untereinander heiraten durften, und das auch aus religiösen Gründen nur wollten, war die aktive Hilfe beim Kennenlernen geeigneter Partnerinnen und Partner wichtig, gerade wenn außerhalb der Heimatgemeinde die richtige Partie gefunden werden sollte. Über ganz Württemberg und Bayern bis in die Schweiz (vor allem nach Zürich und St. Gallen) und nach Vorarlberg erstreckte sich der jüdische Heiratsmarkt. Seltener wurde nach Baden oder in sehr kleine Judendörfer geheiratet. Vor allem in der näheren Umgebung – Buchau, Laupheim, Buttenhausen, Ulm – wurde nach geeigneten Eheverbindungen gesucht. Mit dem Bau der Eisenbahn weitete sich der Radius. Bald war die bayerische Metropole München verwandtschaftlich den Buchauern und Laupheimern ebenso nah, wie die die Garnisonsstadt Ulm oder die Landeshauptstadt Stuttgart. In der Regel wechselten die Frauen an den Wohnort der Männer und es waren mehr Jüdinnen als Juden, die sich aus Laupheim, Buttenhausen oder Buchau nach auswärts verheirateten.

Arrangierte Ehen waren in der jüdischen Gemeinschaft bis zur Weimarer Republik keine Seltenheit. Neben den wirtschaftlichen und persönlichen Verhältnissen sollten auch die religiösen Vorstellungen zueinander passen. Eine strenggläubige Familie suchte zum Beispiel für ihren Sohn eine Ehefrau, die mit den Speisegesetzen vertraut war. Das konnte wichtiger sein als der wirtschaftliche Hintergrund, wie die Heirat eines Dienstmädchens mit dem Sohn ihrer Dienstherrschaft in Buchau zeigt. Als Dienstmädchen hatte die junge Frau ihre Kenntnisse in koscherer Küche, ihr Schalten und Walten in Haushaltsführung, ihre religiöse Haltung und ihre Anpassung an die Familie vor Ort bereits unter Beweis gestellt und konnte so zur erwünschten Braut werden. Dass jedoch Frauen unter Stand heirateten, kam praktisch nicht vor.

Die städtische Struktur und die Größe der jüdischen Gemeinden in Laupheim und Buchau mit Kappel boten Kontaktmöglichkeiten zu passenden Heiratspartnern vor Ort. Bei Konzerten der örtlichen Vereine, bei Theateraufführungen oder beim jährlichen Purim-Ball konnte man sich kennenlernen. Nicht zuletzt waren die Hochzeitsfeiern eine Art Heiratsmarkt. Hilfe beim Kennenlernen sollten Ehe-Anbahner oder Heiratsvermittler leisten. Sie hießen auf jüdisch-deutsch „Schadchen". Manchmal übernahmen ältere

Tanten diese Aufgabe, gelegentlich waren es Handelsleute, die durch Handlungsreisen über vielfältige Kontakte und Einsichten in familiäre Verhältnisse verfügten. Vor allem die Viehhändler kamen im 19. Jahrhundert von Berufs wegen in der Gegend herum und vermittelten Kontakte. In ländlichen Gegenden hielt sich dadurch das Vorurteil, die Juden hätten ihre Töchter „wie Küh" verhandelt. Schadchen war also kein Beruf, sondern eine Nebentätigkeit. Zwar waren die Juden in den Kleinstädten häufig Vermittler städtischer Lebensformen, was Bildung, Kleidung, Berufswahl oder Wohnungsausstattung anging. Trotzdem hielt sich im Bereich der Eheanbahnung auch in den Städten der ländliche Brauch, ein Schadchen zu bemühen.

Mit einem „Schidduch", einer für alle Seiten zufriedenstellenden Übereinkunft (Eheabrede), beendete das Schadchen seine Arbeit erfolgreich. In diesem Schidduch wurden die Vereinbarungen zwischen den Familien der Brautleute und die näheren Bedingungen der Eheschließung schriftlich niedergelegt. Oft galt schon die mündliche Abrede als bindend. Die Mitgift war ein tief verwurzelter Teil der innerjüdischen Kultur. In Buchau war dafür bis ins 20. Jahrhundert der jiddisch-deutsche Begriff „nedunje" in Gebrauch, obwohl man im Alltag schon längst schwäbisch sprach. Gerade für jüdische Familien war die Mitgift eine Art „Lebensversicherung", denn man wusste nie, ob nicht – bei aller Annäherung – in der Zukunft wieder gewalttätige Ausgrenzung ausbrechen würde.

Glück der Schwestern

Den Brüdern kam bei der Verheiratung ihrer Schwestern eine wichtige Rolle zu. Häufig mussten sie nach dem Tod des Vaters dafür sorgen, dass erst die Schwestern ehelich versorgt wurden, bevor sie selbst an die Gründung eines Hausstandes denken konnten. Die Verheiratung der Schwestern galt als „Mizwe", als gute Tat. Da mag sich mancher Bruder, der selbst heiraten wollte, ins Zeug gelegt haben, um seine Schwester glücklich an den Mann zu bringen. Frauen wurden – wie auch bei den Christen – recht jung verheiratet. Von einer Buchauerin hieß es, sie habe „erst in den späten Mädchenjahren" geheiratet – zum Zeitpunkt der Eheschließung war sie 26 Jahre alt. Zwar entsprach das dem durchschnittlichen Heiratsalter im Land, war aber für eine oberschwäbische Jüdin eher spät. Frauen heirateten hier deutlich jünger. Dass jüdische Männer erst mit Mitte Dreißig oder Anfang Vierzig zum ersten Mal heirateten, war keine Seltenheit, Hauptsache, sie konnten ihre Familien ernähren. Das Heiraten innerhalb derselben Gruppe, Endogamie, sicherte nicht nur den Fortbestand religiöser Tradition (nur das Kind einer Jüdin galt nach der „Halacha", dem Religionsgesetz, als Jude), sondern sicherte auch enge familiäre und wirtschaftliche Verbindungen. Bis zur Mitte des 19. Jahrhunderts waren Liebesheiraten eher selten. Es wurden auf Ähnlichkeit aufbauende Partnerschaften geschlossen. Hier zeigten die oberschwäbischen Juden auch in den Dörfern und Kleinstädten schon früh bürgerliche Verhaltensformen, wie sie später unter der christlichen Mehrheit Verbreitung fanden.

Von Außen: Hochzeit hören und sehen

Als einzige der oberschwäbischen Synagogen (und als große Ausnahme an Synagogen überhaupt) hatte die 1837 erbaute Buchauer Synagoge ein Glockentürmchen. Die Buchauer Juden waren auf ihre Glocke stolz und zeigten mit ihr auch, dass sie sich als gleichberechtigten Teil der Bevölkerung sahen, denn nur in dieser Stadt riefen alle Gotteshäuser mit Glockenklang zum Gottesdienst. Auch in der Synagoge wurde bei Gottesdiensten Orgel gespielt (was nur in sehr modernen jüdischen Gemeinden der Fall war) und gesungen. Der jüdische Chor „Gesellschaft Harmonie" untermalte Feierlichkeiten mit festlichem Gesang und auch in Laupheim trat der Chor in Erscheinung. Bei fast jeder Hochzeit wurde das Lied „Blicke sie in Gnaden an, ohne sie ist nichts getan" gesungen. Im Großen und Ganzen mag sich eine jüdische Hochzeit von außen angehört haben wie eine christliche, mit Orgelmusik und feierlichen Liedern und vielleicht mit der örtlichen Musikkapelle, die ein Ständchen brachte, wenn die Brautleute zu den Honoratioren zählten oder der Bräutigam Vereinsmitglied war. Ein hörbarer Unterschied waren die „Mazel tov" Rufe bei der Eheschließung. Lautstark wünschten die Gäste während der Trauungszeremonie dem jungen Paar „Viel Glück!" – denn das heißt Mazel tov auf Deutsch.

Der Bräutigam trug über seinem Anzug den weißen „Tallit", den Gebetsmantel, oder ein schlichtes weißes Gewand. Damit zeigte er die religiöse Handlung an und symbolisierte mit der Farbe Weiß den Beginn eines neuen Lebensabschnittes – unbeschrieben wie ein weißes Blatt. Außerdem weist die Farbe darauf hin, dass der Hochzeitstag als Versöhnungstag („Yom Kippur") für das Brautpaar gilt. Die Brautleute haben bis zur Zeremonie gefastet und die Braut war morgens in der „Mikwe", dem rituellen Reinigungsbad, um sich auf den neuen Abschnitt vorzubereiten und das alte Leben hinter sich zu lassen. Während der anschließenden Feier trug der Bräutigam, wie auch seine Gäste, Frack oder Anzug. Die Braut kleidete sich gemäß dem Zeitgeschmack. Eine spezielle Tracht oder Kleiderform der oberschwäbischen Jüdinnen ist nicht bekannt.

An der Hochzeitsfeier nahm die ganze Stadtgemeinde Anteil: Eine „Judenhochzeit" sei „ein Ereignis für die Buchauer Frauenwelt" gewesen, heißt es. Dabei wurde die neueste Mode vorgeführt. Das galt zum einen für die Hochzeitsgäste, die oft aus Städten wie München, Stuttgart oder Frankfurt kamen. Zum anderen haben auch die Buchauer und Laupheimer Frauen, Jüdinnen wie Nichtjüdinnen, ihre besten und neuesten Kleider getragen. Im Anschluss an die Zeremonie wurde im Wirtshaus gefeiert: „Und nachher war ein großes Fest natürlich für die Leut. Entweder im ‚Waldhorn', das war auch eine jüdische Wirtschaft seinerzeit, oder im Vierfelder ... Die Hochzeit ... war nur in den jüdischen Restaurants koscher", wird aus Buchau berichtet. In Laupheim konnte man im Gasthof ‚Zum Kronprinzen' koscher feiern. In der Anteilnahme, der festlichen Kleidung und in der Feier im Wirtshaus unterschieden sich christliche und jüdische Hochzeiten nicht. Ein Unterschied bestand darin, dass der Festschmaus bei einer jüdischen Hochzeitsfeier meist nach den Speisegesetzen der „Kaschrut" bereitet war.

Von Innen: Eheschließung in der Synagoge

Eine Eheschließung nach jüdischem Recht kann entweder unter freiem Himmel stattfinden oder in einem Privathaus. Die Hauptsache ist, das Brautpaar steht unter einem Traubaldachin, der „Chuppa". Für das 19. Jahrhundert darf man fast ausschließlich von Verheiratungen in der Synagoge ausgehen. Die oft weit verstreut wohnende Verwandtschaft kam bei den Hochzeiten zusammen. Auch christliche Gäste, Nachbarn, Geschäftspartner oder enge Freunde des Brautpaares nahmen an jüdischen Hochzeiten teil, nicht nur bei der anschließenden Feier, sondern bereits in der Synagoge. Unmittelbar hinter dem Brautpaar saß die Verwandtschaft, weiter hinten nahmen die Gäste Platz. Hier konnten christliche Oberschwaben

Synagoge Buchau
Postkarte, um 1920
Privatbesitz

179   *„Hitzig ischt et witzig." (Laichingen, Oberamt Münsingen)*

jüdische Hochzeitsbräuche sehen. Hier kamen sie auch mit den hebräischen Begriffen in Kontakt, die in der religiösen Zeremonie verwendet wurden.

Die Eheschließungen in der Synagoge fanden im 19. und frühen 20. Jahrhundert nach traditionellem Muster statt. „Kalla" (Braut) und „Chatan" (Bräutigam) wurden zur „Chuppa" („Dach über dem Kopf") geführt. Dieser Baldachin wird von vier hölzernen Pfosten gehalten und spannt sich wie ein Zelt über dem Brautpaar. Der Baldachin ähnelte den im katholischen Oberschwaben bei Prozessionen verwendeten Baldachinen, hatte jedoch eine eigene kultische Bedeutung. Die Chuppa, Symbol des neuen Hausstandes der Eheleute, soll an das Haus Abrahams erinnern, das an jeder seiner vier Seiten eine Tür hatte, um alle Gäste warm zu empfangen. Stoff und Holzstangen erinnern an die Zelte der Wanderschaft der Israeliten. Notfalls konnten vier Personen den Stoff des Baldachins über das Brautpaar halten – überall und in jeder Lebenslage konnte so ein geeigneter Trau-Raum geschaffen werden. Unter der Chuppa verbindet der Rabbiner das Paar miteinander. Hier findet die „Kidduschin", die „Anheiligung" statt. Der Mann überreicht der Frau den außergewöhnlich gestalteten Hochzeitsring und spricht die Trauungsformel. Der kunstvolle Ring wird nur während der Trauung getragen. Erst nach 1871 durfte auch die jüdische Braut dem Bräutigam einen Ehering reichen – allerdings stumm. Nun ersetzte der Ringtausch den Hochzeitsring.

Das Besondere an einer jüdischen Hochzeit sind die aktiven Rollen von Braut und Bräutigam. Die Braut umkreist ihren zukünftigen Mann sieben Mal gemessenen Schrittes. Sie erinnert damit an die besondere Rolle der Frau als Behüterin und Beschützerin des jüdischen Heims. Durch die religiösen Speiseregeln liegt es an der Hausherrin, für die Einhaltung der religiösen Gesetze zu sorgen. Außerdem soll sie den Kindern den jüdischen Glauben und eine gute Erziehung angedeihen lassen. Mit dem Eintritt in den Ehestand übernimmt die jüdische Frau damit eine wichtige religiöse Rolle. Die Zahl sieben steht auch für die biblischen Tage der Schöpfung – ein Hinweis darauf, dass das Paar im Begriff steht, sich eine eigene neue Welt zu erschaffen. Unter der Chuppa werden sieben Segenssprüche gesprochen und der Wein gesegnet. Die Brautleute trinken von dem Wein aus einem Kelch, um zu zeigen, dass sie zukünftig Freud und Leid miteinander teilen. Segen, Kelch und Wein werden auch den christlichen Hochzeitsgästen vertraut gewesen sein. Gerade im katholisch geprägten Oberschwaben war das wichtig, denn in den Orten mit großer jüdischer

„In der ersten Nacht legt die Braut das neue Gebetbuch unter's Kopfkissen."

Gemeinde wie Laupheim und Buchau, hatten Katholiken mehr mit Juden zu tun als mit Evangelischen, die bis in die 1890er Jahre in der Minderheit lebten. Auch dass bei einer jüdischen Hochzeit Freude laut gezeigt wurde und man ordentlich zu feiern verstand, war den oberschwäbischen Katholiken vertrauter als die protestantische Zurückhaltung, die oft auf Befremden stieß. Und laut darf es bei der Trauung schon zugehen: Wenn der Wein geleert ist, wird das Glas (meistens in ein Tuch gewickelt) vom Bräutigam zertreten, als Erinnerung an Trauer und Zerstörung des Tempels und an die Schrecken, die die Israeliten zu erdulden hatten. Mit dem Zertreten beginnt die Feier, die Gäste rufen laut „Mazel tov" und die Musik beginnt zu spielen. In manchen süddeutschen Synagogen (vor allem in Franken und Bayern) war ein so genannter Traustein oder Chuppa-Stein eingelassen, meistens rechts neben dem Synagogeneingang, an dem das Glas zerstört wurde. In Laupheim hat sich ein solcher Stein erhalten.

Der Akt der Eheschließung lief seit Jahrhunderten mehr oder weniger gleich ab – mit kleinen Veränderungen, die im 19. Jahrhundert einsetzten. Nicht nur die veränderte Partnerwahl, veränderte Praktiken der Brautschau, größere Mobilität, sondern auch die stärkere Berücksichtigung beider Partner im Trauakt sowie die Anpassung der Zeremonien an die Formen der neu eingeführten Ziviltrauung spiegelten gesellschaftliche Wandlungsprozesse wider. Zwar sind die Juden bereits seit 1871 formal gleichberechtigte Staatsbürger. Aber erst mit der Einführung der Zivilehe am 1.1.1876 gelten sie als wirklich gleichberechtigt. Erst von da an durften Juden und Christen einander heiraten. Was christlichen Geistlichen als „Mischehe" zwischen Katholiken und Protestanten lange ein Dorn im Auge war, war nun auch den Mitgliedern der jüdischen Gemeinde möglich: sich außerhalb der eigenen Religionszugehörigkeit zu verehelichen. Im ländlichen Oberschwaben blieben so genannte Mischehen bis weit ins 20. Jahrhundert hinein jedoch eine Ausnahme. Wenn, dann heirateten Juden eher protestantische als katholische Partner. Von kleineren Veränderungen wie etwa dem Umgang mit Trauringen abgesehen, wird auch heute eine jüdische Hochzeit noch so gefeiert.

Hochzeits-Dinge

Vergänglichkeit ist ein Kennzeichen der jüdischen Hochzeit: Der besondere Trauring wurde nur während der Zeremonie getragen. Das Glas, aus dem die Jungvermählten das erste Mal gemeinsam Wein getrunken haben, wird zerstört und liegt anschließend in Scherben. So sind es stärker als bei der christlichen Hochzeit Erinnerungen, die die Hochzeit tragen. Das Brautpaar schließt einen Ehevertrag, die Ketubba. In diesem Vertrag wurde die Verpflichtung des Ehemanns gegenüber seiner Gattin festgelegt. Er verpflichtete sich, ihr Unterstützung, Ernährung, gesundes Leben und Freude zu sichern. Hier wurde auch festgeschrieben, wie die Frau im Falle einer Scheidung oder als Witwe finanziell abgesichert ist. Die Ketubba wird in schöner Schrift und oft farbig verziert verfasst.

Geheiratet wurde gerne an einem Dienstag, da in der Bibel über den dritten Schöpfungstag die Worte „ki tow" („und Gott sah, dass es gut war") wiederholt werden. Auch Montag oder Donnerstag kamen als Hochzeitstage vor. Hierin unterschieden sich die jüdischen Eheschließungen nicht von den christlichen. Einen „Schandtag", wie es bis in die Mitte des 19. Jahrhunderts der Mittwoch war, der den „gefallenen Mädchen" vorbehalten blieb, gab es im jüdischen Brauch nicht.

Im Vorfeld der Eheschließung entwickelte sich eine sichtbare Besonderheit: Zuerst waren es jüdische Familien, die Familienstandanzeigen in den Lokalzeitungen veröffentlichten. Hier machten nicht nur die ortsansässigen Familien auf Verlobungen ihrer Kinder aufmerksam oder druckten Bekanntmachungen ab mit dem Wortlaut: „Als Vermählte grüßen…", sondern auch aus entfernten Städten und dem Ausland kamen die Anzeigen in die Lokalzeitungen. In Buchau dauerte es mehr als ein Jahr, bis das erste christliche Paar in gleicher Weise auf seine Hochzeit aufmerksam machte. Hier hatten die Juden eine in den großen Städten schon übliche Ankündigungsform in den ländlichen Raum übertragen. Aufgenommen wurden die Verlobungs- und Hochzeitsanzeigen zunächst von den Wohlhabenderen im Ort.

Waren Juden im ländlichen Raum oft die Vermittler städtischer Sitten und Gebräuche, so blieben sie in Sachen Hochzeit mehr dem ländlichen Habitus verhaftet, wie das Beispiel des Schadchens zeigt. In vielen Bereichen war das Heiratsverhalten der Jüdinnen und Juden kaum von dem der Christinnen und Christen zu unterscheiden. Nur im Kultus und dem religiösen Ritus war die Differenz deutlich.

Florence Guggenheim-Grünberg: Jiddisch auf alemannischem Sprachgebiet, Zürich 1973. Gewährsmann für Oberschwaben war ein in den 1890er Jahren in die Schweiz ausgewanderter Buchauer Viehhändlersohn. Ob man in Laupheim oder Buttenhausen auch von Nedunje sprach, lässt sich nur vermuten.

Hochzeitsstein
Sandstein
32,5 x 39,5 x 3 cm
Museum für Christen und Juden
Laupheim

Dieser Hochzeitsstein wurde in den 1970er Jahren bei Bauarbeiten im Haus Kapellenplatz 14 in Laupheim gefunden. In ihn sind ein Davidstern und die hebräischen Buchstaben Mem und Tet eingehauen, als Abkürzung für die Worte „Masel Tov". Die Inschrift in den beiden unteren Feldern des Sterns bedeutet „Stimme des Bräutigams und Stimme der Braut". In den oberen, abgebrochenen Feldern war einst zu lesen: „Stimme der Wonne und Stimme der Freude". Zusammen ergibt dies einen Vers des Propheten Jeremia.
Ungewöhnlich ist der am unteren Rand eingehauene Name „Hirsch Heumann" mit der Jahreszahl 1822. Eine Erklärung hierfür könnte sein, dass Hirsch Heumann und Lotte Nathan das letzte Brautpaar waren, das an diesem Stein die Ehe geschlossen hat, bevor die Synagoge 1822 abgerissen und neu aufgebaut wurden. Den Stein fügte das Ehepaar in ihr Haus ein.

„Wenn die Altarkerzen während der Kopulation unruhig brennen, dann gibt es eine unzufriedene Ehe."

Soldatenhochzeiten
Schichtenspezifisches Heiratsverhalten in der Garnisonsstadt Ulm

Simon Palaoro

Soldatenhochzeiten, deren Anbahnung wie deren Hindernisse, blieben in der historischen Forschung lange unbeachtet. Erst seit wenigen Jahren stellt die Militärgeschichte Fragen, die über bloße Strategiekonzepte und eine militärische Ereignisgeschichte hinausgehen. Die lange militärische Tradition Ulms beginnt bereits in reichsstädtischer Zeit, als die Stadt eine eigene Garnison unterhält. Nach der Mediatisierung durch Bayern im Jahr 1802 und der späteren Integration in das Königreich Württemberg im Jahr 1810 entwickelt sich Ulm zu einer Garnisonsstadt. Bereits ab 1817 befinden sich dauerhaft drei württembergische Regimenter in Ulm, in den Sommermonaten sind durchschnittlich 2000 Soldaten in der Stadt stationiert. Da die Kasernen zu deren Unterbringung nicht ausreichen, werden Soldaten auch in Privathäusern und Mietwohnungen einquartiert. Der Bau der Bundesfestung von 1842 bis 1859 macht Ulm vollends zu einer der großen Garnisonsstädte Württembergs. Durchschnittlich liegen zwischen 1500 und 5000 Soldaten in der Stadt.[1] Damit sind Verheiratungen von Soldaten mit Einheimischen naheliegend, obgleich die Heiratsbeschränkungen vor allem in der ersten Hälfte des 19. Jahrhunderts rigide sind. Das Bürger- und Beisitzerrecht im Königreich Württemberg von 1828/1833 dekretiert, dass Heiratswillige „einen genügenden Nahrungsstand" vorweisen müssen. Hintergrund dieser Beschränkungen ist der Versuch, eine Zunahme der Armut und der damit verbundenen Belastungen der Armenkassen zu verhindern. Das 1852 erlassene „Verehelichungsgesetz" konkretisiert die Heiratsbeschränkungen: Als Mindestvermögen müssen die Antragssteller 200 Gulden vorweisen, was dem Jahresgehalt eines Gesellen oder Arbeiters entspricht. Obgleich außereheliche Sexualität mit Geld- und Haftstrafen geahndet wird, bewirkt dieses „Zwangszölibat der Mittellosen" lediglich eine Zunahme unehelicher Geburten. Erst mit Gründung des Deutschen Reichs (1871) wird diese Art der Heiratsbeschränkung beseitigt.[2]

Zunächst soll hier in einem ersten Teil anhand dreier biographischer Annäherungen das schichtenspezifische Heiratsverhalten von Militärangehörigen dargestellt werden. Im zweiten Teil werden in einer analytischen „Topographie der Zuneigung" die Orte des Kennenlernens und Kontrollmechanismen unterschiedlicher sozialer Schichten dargestellt.

Eberhard Emminger (1808 – 1885)
Ulm und Neu-Ulm. Südwestlich aufgenommen, um 1875
colorierte Lithografie, 46 x 68,5 cm
Museum Biberach

„Es beginnt mit Brätknöpfle oder Nudelsupp, worauf ein saures Voressen folgt."

Kennenlernen und Hochzeit: Adel, Bürgergarde und einfacher Soldat

Der Apotheker und Rittmeister der Ulmer Bürgergarde zu Pferd Carl Reichard (1783–1869) steht beispielhaft für das gehobene Bildungs- und Besitzbürgertum Ulms. Reichard lernt seine erste Frau Charlotte im Jahr 1801 auf einer Tanzveranstaltung kennen, die man gemeinsam mit österreichischen Offizieren veranstaltet. Ein zweites biografisches Beispiel stellt das Hochzeitsbankett der Familie Schad von Mittelbiberach in den Mittelpunkt. Es erhellt das Heiratsverhalten von städtischem Patriziat und militärischer Oberschicht um 1820. Das Heiratsverhalten von Soldaten der Ulmer Garnison und Töchtern einfacher Ulmer Handwerker veranschaulicht das dritte Beispiel des Militärmusikers Carl Teike (1864–1922), der als junger Soldat die Tochter eines Ulmer Drechslermeisters kennen lernt.

Die Hochzeiten des Rittmeisters Carl Reichard: Aus Liebe und ökonomischer Vernunft

Die romantische Hinwendung zum Anderen war im 19. Jahrhundert ein weit verbreiteter Topos der Liebe. Liebesbriefe, Liebesschwüre oder Schwärmereien spielen in der Anbahnung einer Ehe und noch nach dem Eheversprechen eine zentrale Rolle in der Kommunikation der Liebenden. Der Apotheker und spätere Rittmeister der bürgerlichen Ehrengarde zu Pferd Carl Reichard (1783–1869) schwärmt von seiner ersten Liebe Charlotte, die er 1801 beim Tanz in der „Casino-Gesellschaft zum Goldenen Hirsch" kennen lernte. In diesem Jahr ist Reichard noch Student, sein Vater bekleidet die Stelle eines „Kriegs- und Landschaftskassiers" in reichsstädtischen Diensten. Reichard und seine jüngere Schwester erreichen, dass „die Eltern sich am neuen Casino, wozu die österreichischen Offiziere Veranlassung gaben und an welchem die Kreisgesandten und die Honoratioren der Stadt sich beteiligten, auch abonnierten."[3]

Im Casino trifft er erstmals Charlotte, die Tochter eines Ulmer Apothekers. Aus dieser Begegnung wird sich sechs Jahre später eine kurze, aber glückliche Ehe ergeben. Bevor Reichard Charlotte ehelichen kann, muss er zunächst einen Beruf erlernen und eine „selbständige Stellung" erlangen. Es ist nicht verwunderlich, dass Reichard am 1. Juni 1807 eine Apotheke übernimmt und am selben Tag, einem Montag, seine „unvergessliche Charlotte" heiratet. Rückblickend schildert Reichard: „So kam es dann, daß ich mit Charlotte Hopfengärtner, einem hübschen und gebildeten Mädchen, in eine Liebeley gerieth, welche nach und nach in eine förmliche moralische Liebschaft übergieng. Der ausgebildete Geist, das anständige Benehmen von Lotte fesselte mich so sehr, daß in meinem jugendlichen Gemüth nur der einzige Wunsch rege wurde, mit diesem lieben Geschöpf bis an den Tod verbunden zu sein ..."[4]

Im Winter 1807, nur wenige Monate nach der Hochzeit, stirbt Reichards große Liebe an einer ungeklärt gebliebenen Erkrankung. Nach ihrem Tod geht Reichard seine zweite Ehe pragmatisch an. „Von allen Seiten wurde ich mit Heurathsanträgen bestürmt, ich konnte mich nicht entschließen eine Nachfolgerin für meine unvergessliche Lotte zu wählen, so sehr mir eine solche in vieler Beziehung bey meinen Familienzuständen nöthig war, denn ich hatte nur zwey Wahlen, entweder die Apotheke verkaufen, oder mich um eine vermögliche Braut umzusehen." Die Wahl fällt auf Sara Schwenk, die Tochter eines Langenauer Kaufmanns. Diese Ehe wird durch Reichards Nachbarn angebahnt, die mit der Familie der Braut in verwandtschaftlichen Beziehungen stehen. Reichard schreibt in seinen Lebenserinnerungen: „Mein Nachbar, der Kaufmann Seeger und dessen Frau, eine geborene Schwenk von Langenau, waren in dieser Angelegenheit besonders thätig, und setzten alles in Bewegung, mich für die Tochter des Kaufmanns Schwenk in Langenau, ihres Bruders zu gewinnen, Mittagessen, Wagenfahrten etc. wurden veranstaltet um diese Verbindung zu Stand zu bringen. Die Tochter wurde oft hierher berufen, wobey die Tante nichts versäumte, dieselbe mir angenehm zu machen. Meine Lage und insbesondere meine finanziellen Zustände ließen mich endlich bewegen, mich um die Gunst der Jgfr. Sara zu bewerben, welche mir im Augenblick willfahrt wurde."[5] Diese zweite, eher dem Pragmatismus als der Liebe geschuldete Hochzeit findet in bescheidenem Rahmen statt: Die Vermählung wird im Mai 1808 in Langenau, dem Geburtsort der Braut, vollzogen und mit einem einfachen Mahl im Hause der Schwiegereltern beschlossen.

Hochzeiten der adligen Oberschicht: Standesgemäße Heirat und üppige Festbankette

1802 wird die Reichsstadt Ulm durch das Kurfürstentum Bayern mediatisiert. Hauptsächlich das Ulmer Patriziat kann sich in den ersten Jahren danach nur schwer mit den geänderten politischen Verhältnissen anfreunden. Dessen männliche Mitglieder hatten über Jahrhunderte nahezu unumschränkt über die Reichsstadt geherrscht. Nach der Mediatisierung verlieren sie ihre verbriefte politische Sonderstellung, auch wenn das Kurfürstentum Bayern im neu eingerichteten städtischen Verwaltungsrat auf personelle Kontinuität achtet. Als Alternative bleiben ihnen der höhere bayerische Verwaltungsdienst und eine Karriere im Militär. Weibliche Mitglieder des Ulmer Patriziats heiraten meist in hohe militärische Kreise ein, wie beispielsweise Henriette von Schad, die im April 1815 den württembergischen Militärgouverneur in Ulm, Georg Ludwig Dietrich Freiherr von Gaisberg, ehelicht.

Wie sich eine Hochzeit unter Ulmer Patriziern und hohen Militärangehörigen im Jahr 1817 gestaltet, kann anhand einer Rechnung verfolgt werden, die für diesen Tag gestellt wird. Am Dienstag, den 24. Juni 1817, feiern Johann Ulrich Schad und seine Verlobte Constantia ihre Hochzeit. Es gibt keine Quellen, die deren Verlauf im Einzelnen nachzeichnen, aber aus den detaillierten Rechnungen lässt sich ein plastisches Bild der Feierlichkeiten zeichnen: Nach dem „Vermählungsfeste" tafeln die Hochzeitsgäste, deren Zahl wohl zwischen 30 und 40 gelegen haben dürfte, im Gasthaus „Zum Goldenen Rad". Diese Weinwirtschaft gehört zu den ersten Adressen Ulms, gelegen im vornehmen Viertel der Patrizier und Kaufleute nahe dem Rathaus. Fünf Kellner sorgen bis spät in den Abend hinein für das leibliche Wohl. Den Beginn machen 16 mehrgängige Menüs zum Preis von jeweils 5 Gulden 30 Kreuzer. 88 Gulden lässt sich das Brautpaar die „Nachtspeise" kosten. Zum Vergleich: Ein Maurergeselle verdient rund 150 Gulden im Jahr 1819. Die Gesamtsumme der Hochzeit des Patriziers Johann Ulrich Schad beläuft sich auf 340 Gulden und 15 Kreuzer.[6] Auch an Getränken wird großzügig ausgeschenkt: Acht Maß „Neckar-Wein", 12 „Bouteillen Rhein-Wein", sechs Flaschen Burgunder und sieben Flaschen Champagner. Dazu werden den Hochzeitsgästen reichlich Kaffee, kandierte Früchte, Tabak und dazugehörige Tabakspfeifen angeboten. Vor und nach dem Mahl spielen sechs Stadtmusikanten im beleuchteten Ballsaal zum Tanze auf. Auch um den Heimweg müssen sich die Hochzeitsgäste nicht Sorgen: Zwei Kutschen stehen einen Abend lang bereit, um sie sicher nach Hause zu bringen.

Einfache Soldaten und Ulmer Bürgerstöchter: Carl Teike und Babette Loser

In der Anbahnung von Liebe und Heirat von einfachen Soldaten wie für mittlere und untere Gesellschaftsschichten spielt das Wirtshaus eine entscheidende Rolle. Exemplarisch ist der Fall des Militärmusikers Carl Teike (1864–1922), gebürtig aus Pommern. Er kommt 1883 19jährig als „dreijährig-freiwilliger" zum Grenadierregiment König Karl Nr. 123 nach Ulm. 1886 wird er zum Unteroffizier befördert, erhält mehr „Löhnung" und kann es sich von nun an „erlauben, in eine Gastwirtschaft zu gehen, in der es norddeutsche Kost gab und auch Bier und Schnaps."[7] In einer der Wirtschaften macht Teike Bekanntschaft mit der 17-jährigen Babette Loser, die dort als Bedienung aushilft. „Auch der Unteroffizier Teike wurde ab und zu von ihr bedient. Allem Anschein nach hatte sie ihm wohl gut gefallen, denn er sandte ihr lange Blicke nach", schreibt ein Chronist. Aber an eine rasche Erwiderung der Blicke seitens der jungen Frau ist nicht zu denken, denn für sie verbietet es sich „nur ein Wort mit den Soldaten zu sprechen". Als sich nach mehreren Monaten dennoch eine Liebelei zwischen Carl Teike und Babette Loser entwickelt, stemmt sich die Familie Loser zunächst mit Kräften gegen eine Liaison ihrer Tochter mit dem preußischen Freiwilligen. Dennoch wagt es Teike im Frühjahr 1887, um die Hand von Babette Loser anzuhalten. Er zieht seine „erste Montur" über, tritt bei Drechslermeister Loser und seiner Ehefrau an, und bittet um die Hand der Tochter. Dem Antrag zur Verlobung wird stattgegeben. In den folgenden Monaten scheint sich das Verhältnis zwischen dem Militärmusiker und der Drechslerfamilie positiv zu entwickeln: Teike wird eingeräumt, im Hause seiner Zukünftigen zu komponieren. Ein Ergebnis ist der noch heute berühmte Marsch „Alte Kameraden". An einem Samstag, den 23. November 1889, heiraten Carl Teike und Babette Loser standesamtlich auf dem Ulmer Rathaus und beschreiten danach über die Brautgasse das Ulmer Münster zur kirchlichen Trauung. Teike ist zu diesem Zeitpunkt „Geschäftsreisender" und nicht mehr im Militärdienst. Daher benötigt er seitens der Kommandantur keine Heiratserlaubnis. Nach der Heirat zieht das Paar nach Berlin, wo Teike eine Karriere im Polizeidienst beginnt.

Topographien der Zuneigung: Der Spaziergang

Wo lernen sich junge Frauen und Männer der Garnisonsstadt Ulm kennen, welchen Widrigkeiten ist die erste Kontaktaufnahme ausgesetzt? Vier Orte sollen vorgestellt werden: Die Promenade, die Tanzstunde, Gesellschaften und Vereine und schließlich Gasthäuser und Schenken. Diese vier Orte definieren exemplarisch die Topographie des Kennenlernens unterschiedlicher sozialer Schichten.

Der Spaziergang ist eine der wenigen Möglichkeiten für junge Männer und Frauen, sich kennen zu lernen oder Zeit miteinander zu verbringen. Das gilt nicht nur für Ulm. Der Spaziergang ist als „Treffpunkt der Geschlechter" fest in der bürgerlichen Kultur verankert. Auch in Ulm wird sonntags auf der Promenade, den ehemaligen reichsstädtischen Stadtmauern, flaniert und spaziert. Sinn und Zweck des bürgerlichen Spazierengehens fasst ein Zeitungsbericht aus dem Jahr 1842 so zusammen: „Auf der Stadtmauer erblickt man im Wintersemester Nachmittags von 1 bis 2 Uhr die schöne Welt in voller Toilette, …um sich zu produciren und von der nicht schönen Welt, nämlich den lustwandelnden Herren, sich bewundern zu lassen, von denen schon mancher Glückliche vielleicht hier zuerst mit seiner künftigen besseren Hälfte geliebäugelt hat".[8]

Der Spaziergang auf der Promenade bleibt als „unverfänglicher Ort der Begegnung, als günstige Gelegenheit, das andere Geschlecht zu beobachten"[9] lange Zeit attraktiv. Dies zeigt sich unter anderem in Stadtansichten, die oft auf einer im Vordergrund dargestellten Promenade Paare oder Gruppen von Spaziergängern zeigen. Bei Familienspaziergängen gehen Vater und Mutter vorneweg, ihnen schließt sich das Hausmädchen mit den Kindern an. Unverheiratete Paare werden von einer Anstandsdame, seltener einem Anstandsherrn, begleitet. Körperkontakt, wie das Unterhaken oder Händchenhalten, wird nur verlobten oder verheirateten Paaren zugestanden. Noch im späten 19. Jahrhundert ist der Spaziergang junger Menschen eine der Möglichkeiten, einander nahe zu sein. Mit dem Aufkommen sportlicher Aktivitäten wird die Bedeutung des Spaziergangs relativiert. Nun können sich junge Paare auch bei anderen Freizeitaktivitäten „zufällig begegnen". Wie beim Schlittschuhlaufen in den Festungsgräben oder beim Tennis spielen. Die bürgerliche Gesellschaft entwickelt neben Tanz oder Spaziergang Schritt für Schritt weitere Formen des Kennenlernens.

Johannes Hans (1765 – 1826)
Beim Spaziergang in der Ulmer Friedrichsau
Gouache auf Papier, 21 x 30,5 cm
Stadtarchiv Ulm

„Auch die ärmste Braut hat 2 aufgemachte Bettladen." (Upflamör, Oberamt Riedlingen)

Die Tanzstunde

Tanzstunden sind neben Gastwirtschaften und öffentlichen Festen zentrale Orte für Soldaten, um die ersten zaghaften Schritte zum anderen Geschlecht zu wagen. Diese sind in Ulmer Zeitungen bereits um 1830 nachweisbar, und im Adressbuch seit 1836 bietet ein professioneller Tanzlehrer seine Dienste an: „Tanzlehrer Matthias Jechle ertheilt die Wintermonate hindurch Unterricht im [Gasthof zum] Schwanen".[10] Der Unterricht findet abends in einem der vielen Ulmer Gasthäuser statt, Zeitraum der Kurse sind die Herbst- und Wintermonate von Oktober bis März. En detail wissen wir davon, da gegen Ende des Jahrhunderts die Teilnehmer des Kurses eine „Tanzstundenzeitung" herausgeben. Diese gedruckten Zeitungen werden nicht in den Handel gebracht, sondern unter den Tanzschülern verteilt. Sie ähneln in ihrer Aufmachung den damaligen Zeitungen und sind als Erinnerung an die gemeinsame Zeit gedacht. Sinn und Zweck der Tanzstunden ist das Erlernen des Wiener Walzers und anderer Standardtänze. Die weitaus größere Motivation für die jungen Damen und Herren besteht aber in der Annäherung an das andere Geschlecht. Unter der Rubrik „Gedankensplitter" formuliert ein anonymer Teilnehmer in der Tanzstundenzeitung des Jahres 1906 die Gefühlsregungen der jungen Menschen: „Das Herz eines Backfisches ist ein Liebesbrief ohne Adresse".[11]

In den Tanzstunden entstehen erste Annäherungen zwischen jungen Soldaten und jungen Frauen. Letztere kommen vielfach aus der 1875 gegründeten Frauenarbeitsschule. Sie lernen dort einen Beruf und sind im jungen, heiratsfähigen Alter. In den ersten Wochen üben Männer und Frauen getrennt, später tanzen sie gemeinsam, freilich unter wohlwollenden oder auch kritischen Blicken: „Und die Mütter an der Wand nehmen's Augenglas zur Hand / Eine jede nach ihrer Tochter späht, mit welchem Herrn zum Tanz sie geht".[12] Die Herren überlegen sich, welche Krawatten sie anziehen sollen, und sie achten darauf, das obligatorische Sträußchen nicht zu vergessen. Die wenigen erhaltenen Fotografien zeigen junge Damen ganz in Weiß oder in eleganten Abendkleidern nach der damaligen Mode. Die Haare sind hochgesteckt, teils mit Blumenschmuck oder Schleifchen verziert. Die Herren kleiden sich zu den Abschlussfotos standesgemäß in Militäruniform. Zur Tanzstunde erscheinen sie in zivil, versehen mit Krawatte und Herrenstock. Die Möglichkeiten der Annäherung sind vielfältig. Beispielsweise werden die Fächer der Damen von den

Abschluss Tanzschule Geiger Ulm, um 1910
Fotografie
Stadtarchiv Ulm

193 „Ist zur Zeit der Hochzeit Vollmond, so wird das Brautpaar glücklich."

Herren „bemalt", wahlweise mit einem Vergissmeinnicht, einem Herzen oder dem Liebesgott Amor. Die Herren versuchen, die Damen möglichst kurzweilig zu unterhalten, was ihnen freilich nicht immer gelingt. Davon berichten uns ironisch gehaltene Kleinanzeigen in der Tanzstundenzeitung. In einer Ausgabe wird augenzwinkernd eine Schulung für junge Herren angeboten: „Wie können wir unsere Damen in Gesellschaft am besten unterhalten?". Die jungen Frauen ihrerseits verteilen spöttische Spitzen in Richtung der jungen Soldaten. Diese sollen sich gefälligst entschuldigen, wenn sie einer Dame auf die Füße treten. Sie sollen sich nach dem Biergenuss den Mund nicht mit dem Ärmel abwischen und beim Tanzen nicht transpirieren. In den humoristischen Kleinanzeigen finden sich Hinweise auf Flirts und das Sich-Necken: „Spitzige Nadeln werden bündelweise abgegeben. Führe hierin unerschöpfliches Lager. Gez. K. Merthele." Nach den Tanzstunden bieten die jungen Soldaten den Damen an, sie nach Hause zu begleiten. Selbstverständlich wird auch geküsst. In einer Tanzstundenzeitung aus dem Jahr 1906 wird in der „Rätselecke" die Frage gestellt: „Was ist ein Kuss? Antwort: Ich rate, wer's wissen will, soll's aus der Praxis studieren."[13]

Gesellschaften und Vereine

Gesellschaften und Vereine prägen seit dem späten 18. Jahrhundert die bürgerliche Gesellschaft. In Lesegesellschaften und Freimaurerlogen bildet das städtische Bürgertum sein Selbstverständnis heraus. Hier sollen sich, unabhängig von Stand und Ansehen, Bürger zum ständeübergreifenden Gedankenaustausch zusammenfinden. Dennoch bleiben Besitz und Bildung die zentralen Eintrittskriterien in die Vereine, in denen man höchsten Wert auf Geselligkeit legt. Und es wird getanzt, wodurch für junge Menschen der Oberschicht ein weiterer Ort des Kennenlernens entsteht.[14] Das Ulmer Besitz- und Bildungsbürgertum knüpft seine Netzwerke über Gesellschaften, zu denen auch höhere Offiziere der Garnison Zutritt haben. 1801 wird von österreichischen Offizieren die „Casino-Gesellschaft zum Goldenen Hirsch" ins Leben gerufen, die in ihrer sozialen Zusammensetzung je zur Hälfte von Bürgern und Offizieren getragen wird.[15] Carl Reichard lernt in eben dieser Casino-Gesellschaft seine Ehefrau Charlotte kennen. Auch das „Casino im Schwarzen Ochsen" veranstaltet um 1840 im Winterhalbjahr „von drei zu drei Wochen"

Bälle und Tanzveranstaltungen. Getragen wird dieses Casino von Kaufleuten. Angehörige anderer Gesellschaftsschichten sind zugelassen. Lediglich Offiziere müssen sich „zum Civilfrack bequemen", also ihre Uniformen zu Hause lassen. Auf diesen Tanzveranstaltungen kommen sich die jungen Leute näher, wie ein Zeitungsbericht aus dem Jahr 1842 zeigt: „Im schwebenden Tanze durch leisen Händedruck, durch zärtliche Blicke und was sonst noch der Liebescatechismus eingeben mag."[16]

Öffentliche Feste und Wirtshäuser

Öffentliche Festveranstaltungen, wie das Fischerstechen, Militärparaden oder Märkte und Messen zu Ostern („Spittelmarkt"), im Juni („an Vitus") und im Dezember (an Nikolaus) sind beliebte Gelegenheiten, sich kennenzulernen. Ab 1810 wird die zum Stadtpark ausgebaute „Friedrichsau" im Osten der Stadt vor allem sonntags zu einem beliebten Ausflugsziel der Ulmer Bevölkerung. Der „vornehmen Welt" aus Adel, Offizieren, hohen Verwaltungsbeamten, Professoren und Fabrikanten ist die eingezäunte „Obere Friedrichsau" vorbehalten. Die „bürgerliche Welt", selbständige Handwerker, mittlere Beamte und Kaufleute, verkehren in der „Mittleren Friedrichsau", und die „Untere Friedrichsau" ist der „dienenden Welt", also den Dienstboten, Mägden und Gesellen zugeteilt. In diesen unterschiedlichen Vergnügungszonen wird auch unterschiedlich ausgelassen gefeiert. Während das Besitz- und Bildungsbürgertum den Sonntag eher förmlich verbringt, bei Bier oder Wein gelegentlich auch Geschäftsabschlüsse besiegelt, und die Frauen vor allem stricken, scheinen bürgerliche Unterschichten ausgelassener zu feiern. Dies geht aus Beschwerdeschreiben hervor, die „das laute Treiben zügellos" nennen.[17]

Soziale Kontrolle

Junge Männer und Frauen sind beim sonntäglichen Spaziergang grundsätzlich in Begleitung der Eltern, einer Anstandsdame oder eines Anstandsherren. Die Funktion der Anstandsdame übernimmt in bürgerlichen Kreisen meist eine Schwester, Cousine oder Tante.[18] Vor allem Mütter fürchten um die Tugendhaftigkeit ihrer Töchter und beäugen selbst Spaziergänge kritisch. Auch in Tanzstunden sind es meist die Mütter, die im Ballsaal anwesend sind, um das Verhalten ihrer Töchter aus einer Gemengelage von Wohlwollen und Sorge zu kontrollieren. Selbst einfache Soldaten werden kritisch beäugt: Im Januar 1858 erlässt das Gouvernement der Bundesfestung Ulm den Befehl, „daß in Zukunft bei Tanzveranstaltungen in der Friedrichsau, im Blumenschein, im Schiff und im Schützen je ein Unteroffizier der drei Kontingente Württemberg, Bayern und Österreich anwesend zu sein hat."[19]

Der Grund liegt in der Konkurrenz der Soldaten untereinander um die Ulmer Bürgerstöchter, was des Öfteren zu Handgreiflichkeiten führt. Die Zeitung berichtet weiter, diese Offiziere dürften sich erst dann von den jeweilgen Veranstaltungen entfernen, „wenn der letzte Mann seines Truppenteils den Tanzboden verlassen hat. Der Wettstreit um die Schönen hat Anlass zu dieser Verordnung gegeben." Auch die jungen Soldaten sind demnach einer Art von Kontrolle unterworfen, obgleich sich diese stärker auf die Disziplin innerhalb der Truppe bezieht als auf eine tugendhafte Sexualmoral.

Hochzeiten von Militärangehörigen in der Garnisonsstadt Ulm entwickeln sich nicht nach einem fest gefügten Muster. Dazu sind die Brautpaare, die Gründe des Eheversprechens und auch der soziale Rang und Status der Paare zu unterschiedlich. Hochzeiten werden aus Liebe und/oder ökonomischer Abwägung geschlossen. Teils werden die Gründe für eine Vernunftehe deutlich herausgestellt, teils ergänzen sich Liebe, Status und Ökonomie zu einer für beide Seiten „gewinnbringenden Liaison". Den Paaren gemein ist die standesgemäße Partnerwahl: Die patrizische und militärische Oberschicht lernt sich auf Spaziergängen, in Vereinen oder auf exklusiven Bällen kennen und heiratet standesgemäß. Auch das Besitz- und Bildungsbürgertum Ulms heiratet standesgemäß, wobei nach 1802 vermehrt Ehen zwischen Besitzbürgertum und Patriziat geschlossen werden. Die städtischen Mittelschichten und einfachen Soldaten treffen sich in Gasthäusern oder bei öffentlichen Festveranstaltungen. Unter ihnen sind Tanzstunden die erste Gelegenheit für junge Damen und Herren, sich einander körperlich näher zu kommen. Tanzstunden sind daher nicht nur beliebt, denn für unterschiedliche Schichten der Gesellschaften werden unterschiedliche Tanzstunden etabliert. Hochzeiten sind im 19. Jahrhundert Abbilder der sozialen Schichtung der bürgerlichen Gesellschaft.

[1] Vgl. zur Festung Ulm von der mittelalterlichen Pfalz bis zur Bundesfestung Emil von Löffler: Geschichte der Festung Ulm. Ulm 1883. Zur Baugeschichte der Bundesfestung Ulm vgl. die Arbeit von Otmar Schäuffelen: Die Bundesfestung Ulm. Europas größte Festungsanlage. Ulm 1980. Neuere Forschungen beschäftigen sich mit dem engen Zusammenhang zwischen Militäranlage, Stadtbevölkerung und Stadtentwicklung. Vgl. dazu Simon Palaoro: Stadt und Festung. Eine kleine Geschichte der Bundesfestung Ulm. Ulm 2009. – [2] Zum „Armenzölibat" mit spezieller Berücksichtigung der Verhältnisse in Ulm vgl. Raimund Waibel: Stadt und Verwaltung: Das Bild des Ulmer Gemeinwesens im 19. Jahrhundert. In: Hans-Eugen Specker (Hrsg.): Ulm im 19. Jahrhundert. Aspekte aus dem Leben der Stadt. (Forschungen zur Geschichte der Stadt Ulm, Bd. 7). Ulm 1990, S. 279-354, hier 288-292. – [3] Lebenserinnerungen von Carl Reichard, Mohrenapotheker in Ulm. Herausgegeben von Carl Schwenk, Ulm 1936, S. 9-10. – [4] Reichard, Lebenserinnerungen, S. 10. – [5] Autobiographische Zitate aus: Reichard, Lebenserinnerungen, S. 18. – [6] StA Ulm, E Schad 808. Zum durchschnittlichen Jahresverdienst Ulmer Handwerker vgl. Wolf-Dieter Hepach: Ulm im Königreich Württemberg 1810 - 1848. Wirtschaftliche, soziale und politische Aspekte. Ulm 1979, S. 45 – [7] Karl Anton Döll: „Alte Kameraden." Frankfurt am Main 1961, S. 23. – [8] Die Promenade. In: Die Kunkelstube, Unterhaltungsblatt des Ulmer Landboten, Nr. 18, 1842. – [9] Vgl. Gudrun M. König: Eine Kulturgeschichte des Spaziergangs. Spuren einer bürgerlichen Praktik 1780–1850 (Kulturstudien, Sonderband 20). Wien/Köln/Weimar 1996, S. 234. – [10] Adressbuch der Stadt Ulm, 1836, S. 106. – [11] StA Ulm Nachlass H Altmann, Tanzstundenzeitungen 1906 und 1911, hier Ausgabe vom 24.3.1906. – [12] ebenda. – [13] ebenda. – [14] Vgl. dazu grundlegend Thomas Nipperdey: Verein als soziale Struktur in Deutschland im späten 18. und frühen 19. Jahrhundert. In: Ders.: Gesellschaft, Kultur, Theorie. Göttingen 1976, S. 174-205. Zu Ulm vgl. Hepach, Ulm im Königreich Württemberg. – [15] Zu dieser Gesellschaft liegen für das Jahr 1838 Mitgliederlisten vor, die einen Offiziersanteil von 50 v. H. angeben. vgl. Eckhard Trox: Bürger in Ulm: Vereine, Parteien, Geselligkeit. In: Hans-Eugen Specker (Hrsg.): Ulm im 19. Jahrhundert. Aspekte aus dem Leben der Stadt. (Forschungen zur Geschichte der Stadt Ulm, Reihe Dokumentation, Bd. 7). Ulm 1990, S. 169-238, hier 190. – [16] Das Casino im schwarzen Ochsen. In: Die Kunkelstube, Unterhaltungsblatt des Ulmer Landboten, Nr. 7, 1842. – [17] Rudolf Max Biedermann: Ulmer Biedermeier im Spiegel seiner Presse. Ulm 1955, S. 96 – [18] König, Kulturgeschichte des Spaziergangs, S. 233. – [19] Ulmer Bilderchronik, Zweiter Band 1849–1890. Ulm 1931, S. 55.

Heiraten in Jahrhunderten
Von der Ehe ohne Liebe zur Liebe ohne Ehe?

Frank Brunecker

Die Liebe zwischen den Ehegatten ist ein christliches Gebot. Doch für die Eheschließung spielte sie jahrhundertelang eine geringere Rolle als der soziale Status, die Vermögensverhältnisse oder die Konfession der Brautleute. Erst an der Wende vom 18. zum 19. Jahrhundert machte das Bildungsbürgertum die „Romantische Liebe" zum ersten Heiratsgrund. Deshalb erscheint vielen das bürgerliche Zeitalter noch immer als „die gute alte Zeit",[1] in der die Familien festgefügt waren. Heute sehen wir diese bürgerliche Welt in heller Auflösung. Gegenwärtig wird mehr als jede dritte Ehe geschieden. Nur noch 28 Prozent der deutschen Haushalte sind Ehepaare mit Kindern, 35 Prozent sind Einpersonenhaushalte. Die Zahl der nichtehelichen Lebensgemeinschaften nimmt zu, während die Zahl der Eheschließungen wie auch die Geburtenrate sinkt. Offensichtlich gehen die gesellschaftlichen Veränderungen mit einem Wertewandel einher. Die freiheitliche Grundordnung der Bundesrepublik garantiert die (formale) Gleichberechtigung der Geschlechter. Frauen stellen zunehmend ihre angestammte Rolle als Ehefrau und Mutter für Ausbildung und Beruf zurück. Sie sind darin gut beraten, denn das aktuelle Familienrecht begründet im Scheidungsfall keinen lebenslangen Unterhaltsanspruch. Belegt die (europaweit vergleichbare) Scheidungsrate moralische Leichtfertigkeit oder offenbart sie nur den Grad der Zerrüttung dauerhafter Paarbeziehungen? Tatsache ist: Ehepaare müssen nicht mehr zusammen bleiben.

Die Ehe als Vertrag

Unsere abendländische Auffassung von der Ehe ging aus einer Vermischung römischer und germanischer Rechtstraditionen hervor und wurde im Verlauf des Mittelalters von christlichen Ideen überprägt.[2] Bei Römern wie Germanen war die Familienstruktur patriarchalisch. Die Germanen kannten drei Formen der Ehe: Für das Zustandekommen einer „Muntehe" schlossen die Herkunftsfamilien der Brautleute einen Vertrag. Darin wurde die Mitgift festgelegt, die die Braut in die Ehe einbrachte, während die Familie des Bräutigams den Muntschatz entrichtete, der den Vater der Braut zur Übergabe der Tochter verpflichtete. Wurde man sich einig, dann stiftete man die Verlobung, die der Verheiratung weit vorausliegen konnte.

Bei der Hochzeit ging die Braut mit dem Segen der Eltern aus der Vormundschaft des Vaters in die des Ehemannes über. Durch Formalhandlungen wie Handergreifung, Kniesetzung, Fußtritt oder Ummantelung machte der Bräutigam die Erwerbung der Vormundschaft öffentlich. Es folgten die Heimführung der Braut in festlichem Zug und das Beschreiten des Ehebetts. Die Ehe wurde mit dem Vollzug des Geschlechtsverkehrs gültig, weshalb Wert auf Zeugen gelegt wurde. Eine Scheidung war erschwert, weil sie die Vereinbarungen zwischen den Familien berührte.

Weniger formalisiert war die nicht dotierte „Friedelehe", die auf der Zuneigung der Eheleute beruhte. Sie war in höheren Gesellschaftsschichten häufiger, besonders bei nicht standesgemäßen Verbindungen. Bevor das Christentum die Einehe durchsetzte, gingen Männer vornehmen Geschlechts neben ihrer Muntehe oft mehrere Friedelehen ein oder hielten sich „Kebsweiber". Es ist nicht sicher, ob die Friedelehe im Frühmittelalter der Muntehe ebenbürtig oder eine Ehe minderen Rechts war. Auf jeden Fall war sie nicht identisch mit der „Kebsehe", die ein freier Mann mit einer Unfreien, beispielsweise mit seiner Magd einging. Die Kebsehe wurde einfach vollzogen und war ein faktisches Lebensverhältnis. Die Kebse blieb als Ehefrau ohne Rechte.

Die Rolle der Kirche

Die Kirche bekämpfte die Kebsehe und tolerierte anfangs die Friedelehe. Ab dem 8. Jahrhundert wurde auch die Friedelehe als Konkubinat abgewertet. Allein die Muntehe galt als vollgültig. Zu dem weltlichen Akt der Eheschließung trat der priesterliche Segen, der eine größere Öffentlichkeit verschaffte, was vor allem für die besitzenden Stände wichtig war, wo jede Heirat Vermögenstransfers auslöste und kein Zweifel an der Gültigkeit der Verbindung aufkommen durfte. Allmählich verbreitete sich die christliche Idee von der lebenslangen Einehe, die nur der Tod scheiden könne. Im 12. Jahrhundert wurde die Ehe zum Sakrament. Ab dem 13. Jahrhundert galten Konkubinate und nichtkirchliche Eheschließungen als sündig. Dennoch dauerte es Jahrhunderte, bis die Friedelehe verdrängt war.

Die Entstehung der ritualisierten kirchlichen Eheschließung zeigt sich auch in der Verlagerung, die der Ort der Heirat erfährt: Im 9. und 10. Jahrhundert segnete der Priester – wenn er überhaupt zugegen war – das Brautbett und die darin liegenden Brautleute. Im 12. bis 14. Jahrhundert bekräftigte das Brautpaar sein Eheversprechen, das es zuvor im Kreis der Familie gegeben hatte, vor dem Portal der Kirche, wo der Priester seinen Segen stiftete. Seit dem 14. Jahrhundert führte der Brautvater die Braut zum Priester, der die Hände des Brautpaares ineinanderlegte, damit sie sich die Treue versprachen. Seit dem 17. Jahrhundert fand diese Zeremonie nicht mehr vor der Kirchentür, sondern in der Kirche statt. Fortan wurden die Heiraten in den Kirchenbüchern registriert.[3]

Zunehmend schob sich die Kirche zwischen das Paar und die Herkunftsfamilien und brachte die Kontrolle der Eheangelegenheiten an sich. Das schwächte die Macht der Familien. Vor Gott sollten beide Brautleute der Heirat zustimmen. Obwohl es bis zum freien Jawort noch Jahrhunderte dauerte, stärkte der Konsensgedanke der christlichen Ehe die Stellung der Frau, die nicht so leicht wie in anderen Kulturen gegen ihren Willen verheiratet werden konnte. Es war ein Appell an die Starken zur Mäßigung. Zunächst war damit die Kebsehe gemeint, bei der ein freier Mann sein Eigentumsrecht an einer Unfreien auch sexuell verstand. Aber die Kirche wendete sich auch gegen die allgegenwärtige Brutalität, mit der sich der Starke am Schwachen abreagierte. Die Frau war ihrem Mann ausgeliefert und Objekt seiner Befriedigung. Die Alltäglichkeit ungezügelter Affekte spiegelt sich in den drakonischen Strafarten mittelalterlicher Gesetzbücher. Man darf auf eine entsprechende Rohheit im Familienleben zurückschließen.

Die Kirche übernahm die Funktion einer religiös überhöhten ethisch-moralischen Instanz, auch wenn sie diesem Anspruch nur unzureichend gerecht wurde und ihre offene oder latente Frauenfeindlichkeit nicht verharmlost werden darf. Dennoch forderte sie Nächstenliebe, Gerechtigkeit und Triebverzicht, verdammte das Sündenfleisch und untersagte den Geschlechtsverkehr aus Wollust – er sei Pflicht allein zum Zwecke der Fortpflanzung und verboten an Festtagen oder vor der Messe. Natürlich setzten sich die Kleriker nicht einfach durch. Indem sie die Mildtätigen um sich scharten, lösten sie einen schleichenden Zivilisationsprozess aus. Zugleich produzierten sie ein Klima der Körperfeindlichkeit, warnten die Sünder vor ewiger Verdammnis und versprachen den Keuschen das Seelenheil.

Unbekannter Künstler
Altarblatt Vermählung Maria und Josef, um 1410
Öl auf Holz, 94 x 60,5 cm
Rosgartenmuseum Konstanz

auf Dienstag. Es soll auch jemand zur Morgensupp komme!" (Altshausen, Oberamt Saulgau)

Die eheliche Liebe beförderte die mittelalterliche Kirche nicht. Die christliche Ehe wurde ein unbedingtes Band der Pflicht zur Kooperation der Geschlechter und Versorgung der Nachkommen. Sie entsprach damit den seit alters her gestifteten Ehen, denen es nicht auf eine Liebesheirat ankam, sondern auf die Wahrung der Lebensgrundlage, den Fortbestand des Hofes oder des Gewerbes. Es nimmt nicht wunder, dass die kirchliche Forderung nach der Unauflöslichkeit der Ehe besonders von der bäuerlichen Bevölkerung bereitwillig aufgenommen wurde. Denn die eheliche Stabilität war die Voraussetzung eines friedlichen Dorflebens, der geregelten Verteilung der Wiesen und Äcker und der Vermeidung des Hungers. Auch dem Adel diente die Ehe nicht der Liebe, sondern dynastischen Zwecken. Die Ehefrau wurde als Mutter legitimer Nachkommen geachtet, doch die Minne wendete sich der unerreichbaren Jungfrau zu. Frauen erfuhren nun häufiger Verehrung und Bewunderung. Dabei prägte die Minne die abendländische Vorstellung von der leidenschaftlichen Liebe, die erlischt, sobald sie am Ziel ist, die sich also in der Ehe nicht finden lässt.

Auch in den Städten waren die Moralvorstellungen rigide, vor allem beim Handwerk, dessen zünftische Struktur sich im 14. Jahrhundert herausbildete. Die Zünfte bestimmten nicht nur über die Zahl der Meister und Gesellen, die Qualität und Preise der Erzeugnisse, sie griffen in alle Lebensbereiche der Bürger ein. Sie entschieden, ob und wann ein Mitglied heiraten durfte und begrenzten auf diese Weise die Zahl der Werkstätten und das Ausmaß an gewerblicher Konkurrenz.

Ehe und Moral

Zweifellos hat es zu allen Zeiten liebende Eheleute gegeben. Aber weder im Mittelalter noch in der frühen Neuzeit durften sie sich ein unzüchtiges Begehren anmerken lassen. Auch in der Ehe sollte sich Liebe entwickeln – als eine ruhige, gleichmäßige und verlässliche Zuneigung. Aus Biberach wird überliefert, dass die Mutter am Hochzeitsmorgen ihrer Tochter ein „Kächele Kraut" vorsetzte, damit sie die Säure des Ehelebens koste.[4] Die sachliche Art des Zustandekommens der meisten Ehen förderte die Distanz der Ehegatten. Der Adel verschaffte sich Ventile und pflegte Umgang mit Mätressen oder Prostituierten. Und wenn der Handwerkergeselle mit der Witwe seines verstorbenen Meisters zur Weiterführung der Werkstatt verheiratet wurde, brauchte es ebenfalls Ventile. Auch das Heiratsverbot für Gesellen ohne Meisterbrief, Knechte, Mägde und Dienstboten, denen die Lebensgrundlage zur Gründung einer Familie fehlte, verlangte nach Ventilen. Also entstand ein patriarchalischer Konsens. Bei Bauern, Bürgern und Edelleuten wurden die unehelichen Kinder eines Mannes neben den ehelichen aufgezogen und im allgemeinen wenig diskriminiert, nur erbrechtlich benachteiligt. In der Stadt wurde die Prostitution zunftartig organisiert. Die Frauenhäuser zahlten geregelte Abgaben. An Markt- und Feiertagen waren die geschmückten Huren Teil des festlichen Umzugs. Auch Biberach hatte ein Frauenhaus: „Anno 1447 gestattet der Rath dem Ulrich Fiderlin hier zu Biberach ein Frauen- und Wollusthaus zu halten, wie Nördlingen, Kaufbeuren und andere Städt eins haben, wogegen er sich verpflichtet, der Stadt auf Raths Begehren jederzeit mit einem reisigen Pferd zu dienen."[5] Die soziale Stellung der „Hübscherinnen" war niedrig und verachtet, ähnlich wie die der Henker, aber keineswegs von Heimlichkeit umgeben.

Die Reformation bedeutete einen Einschnitt. Für Luther war die Ehe kein Sakrament, sondern „ein äußerlich, weltlich Ding", das nicht in die Zuständigkeit der Kirche fiel. Die öffentliche Verlobung galt für eine evangelische Heirat als ausreichend. Hier zeigte sich ein weiteres Moment protestantischer Kritik an kirchlichen Missständen. Ähnlich wie beim Ablasshandel hatte sich die Kirche in Fragen der Annullierung bestehender Ehen ihren Dispens bezahlen lassen. Die Reformation hingegen richtete weltliche Ehegerichte ein, die bei Ehestreitigkeiten auf Versöhnung drangen und eine Scheidung nur bei Ehebruch, Grausamkeit u. a. ermöglichten. In Biberach erließ der protestantische Stadtrat 1531 eine Zucht- und Eheordnung[6] und 1540 eine Hochzeitsordnung, die die Heirat in gebührender Ehrbarkeit gebot, Hochzeitsgesellschaften auf 40 Personen begrenzte und mehrtägige Hochzeiten sowie Trank und Tanz, Trompeten und Pfeifen untersagte.[7] Wir können davon ausgehen, dass besonders bei wohlhabenden Bürgern solche „Unziemlichkeiten" vorkamen. Die Gemeinde der Biberacher Zunftbürger, die mit der Reformation 1531 die Mehrheit im Rat erlangte, zog dem Grenzen. Dies wiederum erfuhr durch die Eingriffe Kaiser Karls V. 1551 und 1553 in die Biberacher Wahlordnung eine Revision. Das katholische Patriziat, der Stadtadel, wurde an die Schaltstellen im Magistrat gesetzt und regierte nun die evangelische Bevölkerungsmehrheit, die in Ehesachen wieder dem Chorgericht des Bischofs von Konstanz unterlag.

Auf dem Konzil von Trient 1563 klärte die katholische Kirche ihr Eheverständnis: Die Ehe ist als Sakrament lebenslang und unauflöslich. Alle freien oder nicht von der Kirche geschlossenen Lebensgemeinschaften werden untersagt. Auch die protestantischen Landesfürsten gingen im Verlauf des 16. Jahrhunderts dazu über, die kirchliche Trauung vorzuschreiben. Insgesamt erhöhten Reformation und Gegenreformation den moralischen Druck. Heiratsbeschränkungen wurden verschärft und die Prostitution zurückgedrängt. In den Städten durften nur Bürger heiraten. Wer Bürger werden wollte, musste vor dem Magistrat ein Mindestvermögen, die eheliche Geburt sowie die Freiheit von Leibeigenschaft nachweisen und das Bürgergeld bezahlen. Fast immer fiel die Aufnahme in das Bürgerrecht mit der Heirat und dem Eintritt in eine der Zünfte zusammen – die Voraussetzungen für die Ausübung eines Gewerbes.

Die bürgerliche Ehe

Das Leitbild der bürgerlichen Ehe und Familie entstand ab Ende des 18. Jahrhunderts an der Schwelle zur modernen Industriegesellschaft. Es vereint die alte Auffassung von der Versorgungsehe mit dem neuen Ideal der Liebesheirat. Den Hintergrund bildet das emanzipatorische Gedankengut der Aufklärung und seine Forderung nach einem autonomen Individuum. In klassisch gewordenen Romanen und Novellen formulieren Romantik und Sturm und Drang die Einheit von geistiger und sinnlicher Liebe auf der Grundlage seelischer Ebenbürtigkeit von Mann und Frau. Infolge der verzögerten Industrialisierung spielte in Deutschland das Bildungsbürgertum eine besondere Rolle. Beamte, Ärzte, Gelehrte, Pfarrer und nur vereinzelt Kaufleute und Unternehmer wuchsen zu einer Schicht zusammen, die sich nach oben gegen den Adel und nach unten gegen Bauern, Handwerker und später Arbeiter abgrenzte. Bildung und Besitz waren die Kennzeichen des Bürgertums, das seine gesellschaftliche Stellung nicht mittels ererbter Privilegien, sondern durch individuelle Leistung bezog. Zum Wohlstand des Bildungsbürgertums trat die Auslagerung des Arbeitsplatzes des Mannes aus der Familie. Die Frau war von der Erwerbsarbeit freigestellt und konzentrierte sich auf die Hausarbeit und die Erziehung der Kinder. Die Konzentration auf die Kernfamilie führte zur Intimisierung der familiären Beziehungen. In der nach außen abgeschlossenen Wohnung entwickelte sich die für uns heute selbstverständliche Atmosphäre des Privaten, die weder

Reinhard Sebastian Zimmermann (1815 – 1893)
Liebesbrief mit Bote, um 1880
Öl auf Leinwand, 53 x 34,5 cm
Heimatmuseum Hagnau

Sonnenschein am Hochzeitstag verbürgt eine glückliche Ehe." (Thuningen, Oberamt Tuttlingen)

bei Hofe noch in der Bauernkate oder im Handwerkerhaus möglich war. Der Adel war umgeben von Domestiken. Bauern und Handwerker lebten und arbeiteten mit Knechten und Mägden, Gesellen und Hausmädchen meist in unzureichend abgeteilten Kammern. Im Refugium des Bürgerhauses dagegen, mit seinen diskreten Zimmern, erreichten die Gefühlsbeziehungen zwischen Mann und Frau sowie Mutter und Kind eine neue Qualität.[8]

Schon die Partnerwahl entzündete sich in schwärmerischer Verliebtheit. Es war die Geburtsstunde unserer bis heute verbreiteten Vorstellung von der romantischen Gattenliebe. Doch das Ideal der bürgerlichen Ehe war die „vernünftige" Liebe. Es war die zentrale Schwachstelle der bürgerlichen Ehe, dass sie die Liebe beschwor und die Mitgift nicht vergaß. Auch die leidenschaftlichste Werbung des Bräutigams lief ins Leere, wenn die Erkundigungen über die Vermögenslage negativ ausfielen. Das verringerte die Wahlmöglichkeiten. Die höheren Töchter konnten es sich kaum leisten, einen Antrag abzulehnen, um nicht als „alte Jungfer" sitzenzubleiben. In diesem Ausdruck klingt die Perspektivlosigkeit der unverheirateten Frauen des Bürgertums nach. Kein Wunder, dass die Unmündigkeit der Frau das Thema Sexualität tabuisierte. Männern waren voreheliche Erfahrungen möglich, vornehmlich mit Frauen aus den Unterschichten. In dem Maße wie die Männer der aufsteigenden Mittelschicht die Idee von der Freiheit und Gleichheit aller Menschen für sich selbst und in der politischen Auseinandersetzung in Anspruch nahmen, schlossen sie ihre Frauen von diesen Rechten aus, sonst wäre ihr idyllisches Familienleben zerfallen. Das bürgerliche Ehe- und Familienrecht versagte der Ehefrau die Geschäftsfähigkeit. Die rechtliche Ungleichheit der Eheleute verhinderte die volle Entfaltung des Liebesideals.

Liebe und Leidenschaft

Die bekannteste Biberacher Mesalliance ging der Dichter Christoph Martin Wieland (1733–1813) im Jahr 1763 mit seiner Haushälterin Christine Hogel (geb. 1742) ein. Als sie ein Kind von ihm erwartete, verklebte er die Fenster mit Papier. Die geplante Hochzeit wurde den Liebenden verwehrt. Wieland war Protestant und Pfarrerssohn, Christine Hogel katholisch, ihr Vater Säcklermeister und Mesmer. Das Paar wurde getrennt. Das Kind starb bald nach der Geburt. Christine Hogel wurde als Hausmädchen nach Augsburg gegeben und heiratete 1767 einen kaiserlichen Regimentsaktuar. Wieland schrieb: „Ah, meine arme Kleine! Sie hat kein anderes Verbrechen begangen als mich zu lieben. Ich habe geglaubt, sie glücklich machen zu können und nun soll sie wegen der Liebe zu mir zugrunde gerichtet werden? Gott möge mich vernichten, bevor dies geschehe!" „Wir hatten lediglich die Möglichkeit, uns noch einmal ganz kurz von weitem zu sehen. Ich bin in meinen kleinen Garten gegangen und sie begab sich auf den Speicher ihres Hauses, von dem aus man auf den Garten blicken kann. Wir haben uns einige Momente lang angeschaut und die Gefühle, die mich in diesem Moment durchströmten, kann man sich weder vorstellen noch beschreiben. Als ich mich ein wenig bewegte, indem ich meine Hand aufs Herz legte, geriet sie ins Schwanken, verlor das Gleichgewicht und verschwand. Ich selber zog mich ebenfalls zurück und überließ mich dem heftigsten und bittersten Schmerz, den ich jemals empfunden habe."[9]

Im Jahr 1800 wurde dem aus Franken stammenden Gottfried Wilhelm Graner (1773–1867), der für das Biberacher Handelshaus Wißhack arbeitete, der Antrag auf Aufnahme in das Bürgerrecht und die Heirat mit einer Tochter Wißhack vom Biberacher Magistrat abschlägig beschieden. An Vermögen fehlte es Graner nicht. Vielmehr fürchteten die eingesessenen Kaufleute die unliebsame Konkurrenz durch den umtriebigen Grossisten. Die jungen Leute wären wohl nie verehelicht worden, wenn nicht infolge des Endes des Alten Reiches auch das Ende der Reichsstadt gekommen wäre. 1802 wurde Biberach badisch. Nach jahrelangem Rechtsstreit entschied der Kurfürst von Baden 1804 zugunsten Graners, der endlich heiraten durfte. In der Folge baute Graner eine Blechspielzeugfabrik auf, beschäftigte über 100 Arbeiter, beschickte Weltausstellungen und wurde doch noch ein angesehener Biberacher Bürger.[10]

Leben und lieben lassen

Der Biberacher Genremaler Johann Baptist Pflug (1785–1866) überliefert, wie einem Bauern die Heirat versagt werden sollte, weil er geschieden war. Offenbar fehlten dem Bauern die Mittel, um dem Pfarrer die Zustimmung zu erleichtern. Daher lieh er von einem Kaufmann zwei Zuckerhüte. Derart ausgestattet erhielt er den Ehekonsens. Er soll die Zuckerhüte nur vorgezeigt und dem Kaufmann wieder zurückgebracht haben.[11] Lassen wir es dahingestellt, ob die Anekdote glaubwürdig ist, sie belegt, dass es auch in Biberach nicht immer sittenstreng zuging. Die Fälle Wieland und Graner lehren, dass die Standesunterschiede nicht zu groß und die ökonomischen Folgen der mit einer Heirat verbundenen Aufnahme eines Gewerbes nicht zu politisch sein durften. Dann war selbst der konfessionelle Unterschied nicht unüberwindlich. Bis 1802 erforderte eine gemischtkonfessionelle Verbindung die Konversion eines der Brautleute. Doch unter badischer Herrschaft ab 1802 wie unter württembergischer Herrschaft ab 1806 galt in Biberach Religionsfreiheit. Die erste gemischtkonfessionelle Heirat in Biberach fand 1803 statt, die zweite 1809. Ab den 1830er Jahren stieg ihr Anteil auf 15 Prozent der Eheschließungen und übertraf damit die Quote in Württemberg um mehr als das Doppelte.[12] Dabei waren diese Paare in Biberach vielfachem Druck seitens der Geistlichen, der Familien und der Nachbarschaft ausgesetzt. Viele zogen aus Biberach fort. Dass der Anteil der gemischtkonfessionellen Ehen dennoch vergleichsweise hoch war, ist ein untrügliches Zeichen für die Zunahme der Liebesehen.

Die allgemeine Modernisierung, die eigentlich ein Prozess der Anerkennung der Rechte des Individuums war, führte zur Säkularisierung der Ehe. Schon der absolutistische Staat der beginnenden Neuzeit, der sich am Bevölkerungswachstum orientierte, konkurrierte mit den Kirchen um die Kontrolle der Ehe. Bis zur Mitte des 19. Jahrhunderts hielten sich staatlicher und kirchlicher Einfluss die Waage. Die deutschen Einzelstaaten sahen nur Ehen als gültig an, die kirchlich geschlossen wurden, sicherten sich aber die Ehegerichtsbarkeit. Erst 1876 wurde im Deutschen Kaiserreich Bismarcks die verbindliche Zivilehe eingeführt. Das war mit einem Zuwachs an Autonomie für das Paar verbunden. Im 19. Jahrhundert hatte sich die Vorstellung verbreitet, dass die Freiheit zu heiraten und Kinder in die Welt zu setzen, ein Menschenrecht sei. Die Ausdehnung des Rechts auf Ehe auf die Klasse der Besitzlosen lief parallel zur Entwicklung der Liebesehe. Die Ehen der Arbeiter waren Liebesehen. Mann und Frau, die oft fern von ihren Ursprungsfamilien in städtischen Wohnquartieren lebten oder das Elend ihrer Arbeitereltern durch den heiratsbedingten Auszug erleichterten, fanden aufgrund persönlicher Anziehung zueinander. Wenn sich die Arbeiterehen nicht glücklich entwickelten, so hing das mit Armut und Not zusammen, die durch die Last der Schwangerschaften und Geburten noch gesteigert wurde. Unter dem Eindruck dieses Pauperismus wurden die Heiratsbeschränkungen verschärft. In Württemberg war die Heiratserlaubnis ab 1828 wieder strikt an den Vermögensnachweis gebunden. Deshalb lebten viele Paare auch unverheiratet zusammen. In Oberschwaben waren dies die „Freileute", Wanderarbeiter, Scherenschleifer oder Musikanten. Ihre bettelnden Frauen wurden „Landmenschen" genannt.[13] Mit dem ökonomischen Aufschwung in der zweiten Hälfte des 19. Jahrhunderts wurden die Heiratsbeschränkungen aufgeweicht. Dies und der Zuzug von Arbeitskräften aus dem Umland bewirkte in Biberach ein sprunghaftes Bevölkerungswachstum von 4.651 Einwohnern im Jahr 1802 auf 8.151 im Jahr 1895. Mit der Gründung des Deutschen Reiches 1871 fielen alle Heiratsbeschränkungen.

Ehe im 20. Jahrhundert

Nun beschleunigte sich der Wandel. Seit der Jahrhundertwende diskutierte eine sozialistische oder kulturelle Avantgarde alternative Modelle des Zusammenlebens, die „Zeitehe", die „Probeehe" oder die „Kameradschaftsehe". Es war ein Vorgeschmack auf die Moderne. 1933 brach diese Diskussion ab. Das familienkonservative Denken erfuhr durch den Nationalsozialismus eine massive Stärkung, dem ebenso wie der katholischen Kirche an einem unauflöslichen Zusammenhang von Ehe, Sexualität und Fortpflanzung gelegen war. Erst Mitte der 1960er Jahre wurde die Frage „Wozu heiraten?" erneut gestellt. Freizügige Kinoproduktionen aus Schweden, Oswald Kolles Aufklärungsfilme, die Pille und schockierende Kommunen der 68er erschütterten die Öffentlichkeit der Bundesrepublik. Ab der Mitte der 1970er Jahre verhalf der Feminismus offenen Liebesbeziehungen zur gesellschaftlichen Akzeptanz. Seitdem steigt die Zahl der nichtehelichen Lebensgemeinschaften. Im Jahr 2008 sind dies über 5 Millionen Frauen und Männer. Heute haben unverheiratete Paare kaum noch Schwierigkeiten, weder bei der Wohnungssuche noch beim Arbeitgeber oder in der Familie. Die nichteheliche Lebensgemeinschaft ist zu einer anerkannten Lebensform geworden. Nur von der katholischen Kirche und ihr nahe stehenden Gruppen wird sie noch abgelehnt, was wie ein Anachronismus wirkt. Denn die Zahl der Eheschließungen beträgt im Vergleich zu 1950 weniger als die Hälfte, und weniger als 30 Prozent der Brautleute lassen sich noch kirchlich trauen.[14]

Das Ende der Ehefähigkeit?

Progressive Sozialkritiker prophezeien das Ende der Ehe. Doch so eindeutig liegen die Dinge nicht. Noch immer geben über 70 Prozent der Deutschen zwischen 18 und 30 Jahren an, dass ihnen Ehe und Familie wichtig sind, und bis zu ihrem 50. Lebensjahr haben etwa 80 Prozent aller Erwachsenen mindestens einmal geheiratet.[15] Demnach ist die nichteheliche Lebensgemeinschaft für die Mehrheit eine Durchgangsstation auf dem Weg zu Ehe und Kindern. Erklärte Ehegegner bilden eine Minderheit. „Einmal in Weiß ..." bleibt ein Lebenstraum – besonders für Frauen. Allerdings weicht der kirchlich-sakramentale Aspekt der Hochzeit einem folkloristischen Event, das von Religiösem oft nur umrankt wird. Die Hochzeit ist das größte Fest im Leben und erreicht leicht die finanzielle Dimension eines Mittelklassewagens. Nicht von ungefähr informieren Hochzeitsmessen im ganzen Land über die neuesten Mode- und Ausstattungstrends. In Oberschwaben finden sie jedes Jahr in Ulm, Bad Waldsee, Ravensburg, Überlingen und Friedrichshafen statt.

Reicht das euphorisierende Erlebnis für ein Leben? Kann die Traumhochzeit alle Trennungsgefahren bannen? Für die Brautleute ist womöglich nicht der festliche Aufwand ihrer Hochzeit entscheidend, sondern der damit verbundene öffentliche Charakter der Liebeserklärung. Gerade weil heute nicht einmal das Sakrament einer katholischen Trauung vor Scheidung schützt, erhöht der Eventcharakter der Hochzeit – unter Einbeziehung aller Verwandten und Freunde – die Ernsthaftigkeit der Entscheidung. Wer sich mit den Planungen zu einem derart kostspieligen Projekt trägt, dem wird die Tragweite bewusst.

Die überwiegende Mehrheit geht das rechtlich folgenreiche Eheversprechen nach wie vor ein. Man gewinnt den Eindruck, dass die mit der Ehe verknüpften Hoffnungen auf ein lebenslanges Glück überhöht sind. Noch immer steigt die Scheidungsrate, wenn auch nur leicht. Weil die ökonomischen und juristischen Rahmenbedingungen in den letzten Jahren ungefähr konstant geblieben sind, folgt daraus, dass die Quote derjenigen, die unter vollständig libertären Bedingungen lebenslang zusammen bleiben, noch nicht erreicht ist. Eine langsam sinkende Zahl an Ehen bleibt aus traditionellen, religiösen oder finanziellen Erwägungen bestehen. Ob wir auch in Zukunft noch heiraten werden? Vermutlich etwas weniger und dafür besonders schick. Viele Menschen bedürfen eines festen Orientierungsrahmens, auch wenn er sie nicht glücklich macht. Die menetekelhafte Aussage, dass mehr als jede dritte Ehe geschieden wird, lässt sich auch positiv wenden: Über 60 Prozent der Ehen sind stabil. „Die große Liebe" ist ein seltenes Gut und schwer zu bewahren. Welches Menschenbild wir auch zugrundelegen, es ist nicht ratsam, sich allzu sehr in Sicherheit zu wiegen.

[1] Julius Ernst Günthert: Erinnerungen eines Schwaben. Zeit- und Sittenbilder aus den letzten und ersten Tagen des 18. und 19. Jahrhunderts, Nördlingen 1874, S. 4. [2] Philippe Ariès und Georges Duby (Hg.): Geschichte des privaten Lebens, Frankfurt a. M. 1989. [3] Gerd Althoff, Hans-Werner Goetz, Ernst Schubert: Menschen im Schatten der Kathedrale, Darmstadt 1998, S. 115ff. – Otto Borst: Alltagsleben im Mittelalter, Frankfurt a. M. 1983, S. 438ff. [4] Matthäus Gerster: Aus den Erinnerungen des Genremalers Johann Baptist Pflug. Bilder aus der Zopf-, Räuber- und Franzosenzeit, Biberach 1923, S. 130. [5] Georg Luz: Beiträge zur Geschichte der ehemaligen Reichsstadt Biberach, Biberach 1876, Nachdruck von 1989, S. 69. [6] Bernhard Rüth: Reformation in Biberach, in: Dieter Stievermann (Hg.): Geschichte der Stadt Biberach, Stuttgart 1991, S. 276. – Paul Warmbrunn: Zwei Konfessionen in einer Stadt, Wiesbaden 1983, S. 264ff. [7] Eugen Springer: Ordnungen in der Reichsstadt Biberach, in: Zeit und Heimat 7/1934, S. 45ff. [8] Herrad Schrenk: Freie Liebe – wilde Ehe. Über die allmähliche Auflösung der Ehe durch die Liebe, München 1988, S. 67ff. [9] Wieland am 30.10. und 9.11.1763 an Sophie La Roche, in: Renate Petermann, Hans Werner Seiffert (Hg.): Wielands Briefwechsel, Band 3, Berlin 1975, S. 205 und 213. – Vgl. Friedrich Sengle: Wie-land, Stuttgart 1949, S. 130ff. [10] Otto Funk: Ein Prozess aus dem Anfang des vorigen Jahrhunderts wegen Verehelichung und Ansässigmachung in Biberach, in: Zeit und Heimat 4/1929, S. 25ff. [11] Julius Ernst Günthert (wie Anm. 1), S. 159f. [12] Maria Gründig: Verwickelte Verhältnisse. Folgen der Bikonfessionalität im Biberach des 19. und beginnenden 20. Jahrhunderts, Epfendorf 2002, S. 142ff. [13] Julius Ernst Günthert (wie Anm. 1), S. 169f [14] Statistisches Jahrbuch 2009 für die Bundesrepublik Deutschland, Statistisches Bundesamt, Wiesbaden 2009, S. 47 (2.16), S. 54 (2.23), S. 60 (2.32), S. 68 (2.39.1), S. 69 (2.40.1). [15] Rosemarie Nave-Herz: Ehe- und Familiensoziologie, München 2006, S. 72f und S. 68.

Liebesbriefe aus Biberach

Durch einen Zufall haben sich in Biberacher Privatbesitz zwei zarte Liebesbriefe erhalten, die einen seltenen Einblick in den privaten Rahmen bürgerlichen Lebens und das Zustandekommen einer Liebesheirat gewähren. Der Gold- und Silberarbeiter Johann Georg Staib (1807–1880) wirbt im Jahr 1836 um die Hand der Kaufmannstochter Amalie Mauer (1818–1904). Es ist nicht selbstverständlich, dass sie selbst antwortet. Das hätten auch die Eltern, sogar der Pfarrer oder ein Lehrer übernehmen können oder sollen. Beherzt nimmt sie ihr Leben in die Hand:

„Guten Morgen!
Durch die nochmalige Werbung um meine Hand bin ich so sehr von Ihrem Zutrauen gegen mich überzeugt, daß ich Ihnen unmöglich durch eine zweite Hand allein antworten kann, sondern ich mich auf diesem Wege selbst an Sie wende. Der Grund meiner Zögerung ist, wie ich Ihnen schon von Anfang sagte, meine Jugend. Nie war es mein und meiner Eltern Wunsch, mich so früh zu verheyrathen, jedoch die Achtung, die Sie mir gegen Sie eingeflößt haben, ist so groß, daß ich meinem ersten Vorsatz unmöglich treu bleiben könnte, jedoch glaubte ich, aus der Aufmerksamkeit, die Sie mir die Zeit über schenkten, schließen zu dürfen, daß Ihnen die Frist von einem Jahr nicht zu lang würde. Da dieß aber der Fall doch zu seyn scheint, so glaube ich Ihnen einen deutlichen Beweis meiner Zuneigung gegen Sie zu geben, wenn ich mit Zustimmung meiner Eltern, die Zeit der öffentlichen Verlobung bis auf den Herbst verkürzte, welcher Zeitraum ja so schnell verflossen ist.
Ich sehe einer mündlichen oder schriftlichen Antwort entgegen, und hoffe, Sie nicht erst versichern zu dürfen, daß es mir Freude machte, wenn diese gewährend lautete.
Mit Achtung werde ich mich stets nennen Ihre Freundin, Amalie Maurer."

„Liebe gute Amalie
Ihre gütige Zuschrift hat mich mit lebhafter Freude erfüllt, denn sie hat mir gezeigt, daß Sie mir mit Liebe zugethan sind, und mich durch Ihre Hand beglücken wollen. Nur finde ich die Bedingung hart, unsere Verlobung noch bis zum Herbst hinaus zu schieben. Kann eine zarte Bitte von meiner Seite Sie bewegen, diesen Termin abzukürzen, so würde mir das sehr lieb seyn, wo nicht, so füge ich mich in Ihren Willen, um Ihnen den ersten Beweis zu geben, daß ich auch später gerne Ihnen alles zu lieb thun werde, was in meinen Kräften steht. Das einzige, worum ich bitte, ist, mir zu sagen, wie mein Benehmen von jetzt an gegen Sie gerichtet seyn soll, ob ich freien Zutritt in Ihr wertes elterliches Haus habe, oder ob die Sache noch bis dahin für Jedermann geheim bleiben soll.
Ihrer gütigen Antwort der Liebe entgegen sehend, nenne ich mich in reinem Begriff Ihren Verlobten, Georg Staib."

„Weihnachtsgarten"
Ein Spielzeug mit Karussell, Riesenrad, Kegeln und Spielfiguren, H 62 x B 105 x T 79 cm,
um 1860 von dem Biberacher Gold- und Silberarbeiter Johann Georg Staib (1807 – 1880)
für seine Tochter Laura gefertigt
Museum Biberach

Die Heirat wird am 29. Mai 1837 geschlossen. Kurz darauf eröffnen die Eheleute Staib einen Laden für Gold-, Silber- und Bronzewaren. 1850 wird das einzige Kind, die Tochter Laura, geboren. Um 1860 fertigt Vater Staib für seine Tochter in ungezählten Arbeitsstunden ein wunderbares Spielzeug – die Familie nennt dies den „Weihnachtsgarten" – mit Karussell, Riesenrad, Kegeln und Spielfiguren. Auch dieser bis heute erhaltene Gegenstand ist unmittelbarer Ausweis liebevoller familiärer Beziehungen, wie sie wenige Jahrzehnte zuvor kaum üblich gewesen wären.

unbekannter Künstler, Das Stufenalter des Mannes, um 1900
Chromolithographie, 38 x 48 cm
Landeskirchliches Archiv Stuttgart

„*Wenn das Brautpaar hinaustritt an den Altar, so muß schnell ein Geselle an den Platz des Bräutigams*

unbekannter Künstler, Das Stufenalter der Frau, um 1900
Chromolithographie, 34 x 42 cm
Landeskirchliches Archiv Stuttgart

und eine Gespielin an den Platz der Braut rücken, damit keine Hexe hinkann."

Fotonachweis:

Konrad Hoffmann, Biberach / Rosgartenmuseum Konstanz / Fotostudio Thomas Weiss, Ravensburg / Atelier Karl Scheuring, Reutlingen / Hällisch-Fränkisches Museum Schwäbisch Hall / Landeskirchliches Archiv Stuttgart / Staatsgalerie Stuttgart / Ulmer Museum, Ulm / Ceska Porträt-Studio, Waldenbuch.

Gottes starke Vaterhand, 1881
Papier, Wolle auf Stramin, 34 x 26,5 cm
Landesmuseum Württemberg
Museum der Alltagskultur Waldenbuch

„Die Hochzeiten sind in ganz Hohenzollern am Montag, Dienstag oder Donnerstag."